Vielleicht ist der Ginkgo die älteste Baumpflanze unserer Erde. Forscher geben seiner Geschichte über dreihundert Millionen Jahre. Doch schon vor der Eiszeit starb er in Europa aus und rettete sich als einzige von vielen Arten nach dem wärmeren Ostasien. In Japan ist er allgegenwärtig: als Kultbaum im ehrwürdigen Tempel des Ueno-Parks in Tokyo, als Wahrzeichen der Stadt, der Universität – ja der Müllabfuhr.

Erst seit rund 250 Jahren ist er wieder in Europa heimisch. Ins öffentliche Interesse trat er, als bekannt wurde, daß in Hiroshima ein Ginkgo unweit vom Zentrum der Explosion der ersten Atombombe im folgenden Frühling 1946 ein frisches, schüchternes Reis aus dem alten Wurzelstock trieb. Seitdem gilt er als Symbol der Unbesiegbarkeit und Hoffnung.

Der Ginkgo ist ein Fächerblattbaum; insbesondere durch die Form des geteilten Blattes wurde er zum Sinnbild des dialektischen Yin und Yang, des weiblichen und männlichen Prinzips, von Leben und Tod und inspirierte Goethe zu seinem berühmten Gedicht »Gingo biloba«.

Die Kräfte, die dieser Baum in sich birgt, wurden sehr früh auch medizinisch genutzt. Seine medizinische Wirkung auf die Informationsverarbeitung im Gehirn wird seit langem erforscht.

Das vorliegende Lesebuch versammelt Märchen und Haikus aus Japan und China sowie Texte von Günter Eich, Peter Härtling, Siegfried Unseld und vielen anderen.

insel taschenbuch 4164

Ginkgo. Der Baum des Lebens

GINKGO

Der Baum des Lebens

Ein Lesebuch

Herausgegeben von Felicitas Bovis

Mit Abbildungen

Insel Verlag

Der vorliegende Band folgt dem insel taschenbuch 2995: *Ginkgo – Der Baum des Lebens. Ein Lesebuch.* Die Ausgabe wurde leicht verändert.

Erste Auflage 2013
insel taschenbuch 4164
Originalausgabe

Hinweise zu dieser Ausgabe am Schluß des Bandes
Vertrieb durch den Suhrkamp Taschenbuch Verlag
Umschlag: bürosüd, München
Druck: CPI – Ebner & Spiegel, Ulm
Printed in Germany
ISBN 978-3-458-35864-0

INHALT

Zwei Ginkgoblätter:
links die jugendlich tief eingeschnittene Form,
rechts die ausgewachsene Fächerform

GINKGO

Der Baum des Lebens

DIE GINKGOFEE

Im I-Gebirge reiht sich Berg an Berg und Grat an Grat. Dutzende von Klaftern tief sind die Täler, hundert Klafter hoch die Felsen. Früher waren die Wälder hier so dicht, daß die Bäume den Himmel verdeckten, und es wimmelte von Wölfen und Schlangen. Die Bergbewohner lebten davon, daß sie Heilpflanzen sammelten oder aber Holzkohle brannten. Sie brannten sie nicht nur aus Eichen- und Kiefernholz, sondern auch aus dem Keuschstrauch. Diese Sträucher werden übermannshoch, ihre Blüten und Blätter duften, und auch der Stamm und die Wurzeln duften. Und die Wurzeln können so groß werden, daß man nicht mehr als eine davon tragen kann. Die Holzkohle, die man daraus gewinnt, brennt glühend rot. Ihre Glut hält lange vor, und das Feuer verbreitet einen angenehmen Duft. Was ich jetzt erzählen will, ist die Geschichte eines jungen Köhlerburschen, der aus solchen Sträuchern Holzkohle brannte. Er hieß Schïming und war von so schöner Gestalt, daß er allen Menschen eine Freude war. Er kannte viele Lieder und verstand sich auch darauf, Flöte zu spielen. Die beiden Gefährten, mit denen er gemeinsam Holzkohle brannte, hatten Frau und Kinder, Schïming aber war Junggeselle.

Wenn er an stillen Abenden die Flöte spielte oder seine Lieder sang, klangen die Töne besonders klar und rein.

Und wenn das Sprichwort sagt: Wein macht trunken, doch das Herz bleibt nüchtern, so sagten Schïmings Gefährten oft zu ihm: »Ach, Schïming! Wenn man dich spielen oder singen hört, wird einem das Herz trunken.«
Um nach Heilpflanzen zu graben, braucht man einen Spaten, und um Holzkohle zu brennen, baut man einen Meiler. Als alle Keuschsträucher rund um den Meiler verbrannt waren, gingen Schïming und seine beiden Gefährten, jeder für sich, die Büsche von anderen Berghängen holen.
Eines Morgens stieg Schïming auf einen Bergrücken, wo er früher nie gewesen war. Dort bot sich ihm ein herrliches Bild: In dem weichen grünen Gras blühten feuerrote Blumen, und an den zarten grünen Kiefernnadeln hingen silbern glitzernde Tautropfen. Vor Freude begann Schïming zu singen. Auf einmal hörte er, daß eine fremde Stimme mit ihm sang. Er hielt erstaunt inne, um sich umzusehen, und der Gesang tönte weiter. Das war kein Echo, wie es von den Felswänden schallt, und nicht das Rauschen, wie es aus den Schluchten steigt. Vielmehr schien auf dem gegenüberliegenden Hang eine Mädchenstimme zu singen. Schïming war von dieser Stimme so verzaubert, daß er reglos dastand, bis das Lied zu Ende war. Dann erst sprang er auf einen Felsbrocken, um nach der anderen Seite Ausschau zu halten. Aber im I-Gebirge kommt so häufig Nebel auf, wie Wolken am Himmel ziehen. Schïming sah eine weiße Nebelwand gleich einer Flutwelle

herannahen, und im Nu verschwand die dicht bewaldete Bergkuppe im Nebel. Schïming war erregt und enttäuscht, weil im dichten Nebel nichts mehr zu erkennen war.
Wenn nicht Frühlingswinde wehen, wird auch keine Saat aufgehen, sagt der Volksmund. In Schïmings Herz war durch das Lied etwas in Bewegung geraten. Er konnte die Stimme nicht vergessen, die schöner geklungen hatte als Vogelsang. Von Tag zu Tag wuchs sein Verlangen, das Mädchen zu sehen, das dort gesungen hatte. Aber Tag auf Tag verging. Aus Sommer wurde Herbst, und der wilde Wein auf den Hängen färbte sich blaurot. Aus Herbst wurde Winter, und auf die grünen Kiefernzweige fiel weißer Schnee. Doch nicht einmal einen Schatten hatte Schïming von jenem Mädchen zu sehen bekommen.
Das Jahr ging zu Ende. Schïming war es schwer ums Herz, aber er hatte nicht vergessen, auch an andere zu denken, und so sagte er zu seinen beiden Gefährten: »Auf euch warten zu Hause Frau und Kinder. Es reicht doch, wenn ich allein hier bleibe, um nach dem Meiler zu sehen. Geht ihr nach Hause, um Neujahr zu feiern!« Froh und dankbar gingen die Gefährten am letzten Tag des alten Jahres nach Hause.
In der letzten Nacht des Jahres sitzen die reichen Leute beim Holzkohlenfeuer und feiern die Jahreswende. Auch Schïming ging noch nicht schlafen. Er machte eine Runde um den Meiler, um nach dem Rechten zu sehen, ging dann in die Hütte und begann, beim Schein des Öllämpchens

Flöte zu blasen. Er blies, bis sich der Nordwind legte. Da öffnete sich die Tür der Hütte, und herein trat ein junges Mädchen. Sie war ganz in Weiß gekleidet, ihr rundes Gesicht war schön und rein. Ihr rabenschwarzes Haar hing an den Schläfen lose herab, auf dem Kopf aber war es zu zwei hohen Knoten aufgesteckt. Schïming war von ihrem Anblick so entgeistert, daß er vergaß, die Flöte weiter zu blasen.

Als das Mädchen bemerkte, wie Schïming sie anstarrte, lächelte sie, blickte um sich und sagte mit weicher Stimme: »Ich bin aus dem Bergsonnendorf und kam hier vorüber. Als ich dein Flötenspiel hörte, bin ich hereingekommen. Aber warum ißt du keine Teigtäschchen heute abend?«

Schïming war zu verwirrt, um antworten zu können. Aber das Mädchen sagte: »Spiel nur weiter auf der Flöte, ich werde die Teigtäschchen machen.« Wirklich schüttete sie Mehl in die Schüssel und begann Teig zu rühren. Schïming brannte darauf zu fragen, ob sie es war, die damals gesungen hatte, und wie sie heute hier in die Berge kam. Aber bevor er noch den Mund auftat, drängte sie ihn: »So spiel doch! Du spielst wirklich schön.« Schïming freute sich über ihr Lob und fing schnell wieder an zu spielen. Immer mehr wollte das Mädchen hören, und Schïming fand immer größere Freude am Spiel. Als es bald hell werden mußte, setzte ihm das Mädchen die dampfenden Teigtäschchen vor. Schïming wollte gern, daß sie zum Essen bliebe, aber sie schüttelte lächelnd den Kopf und

Fossile Ginkgoblätter

sagte: »Es ist spät geworden, ich muß gehen. Komm mich aber nicht im Bergsonnendorf suchen, mein Vater weiß nicht, daß ich hier war.« Schïming versprach es, das Mädchen öffnete die Tür und ging. In der Dunkelheit war sie nicht zu sehen, aber Schïming stand lange da, ehe er in die Hütte zurückging.

Als nach dem Neujahrsfest die beiden Gefährten wiederkamen, war Schïmings erste Frage, wo das Bergsonnendorf läge. Beide waren verwundert und sagten: »Von so einem Dorf haben wir hier nie gehört.« Ohne noch ein Wort zu verlieren, ging Schïming an seine Arbeit. Er erzählte den Gefährten nichts vom Besuch des Mädchens, denn er dachte: ›Vielleicht möchte sie nicht, daß jemand davon erfährt, und hat mir deshalb nicht den richtigen Namen ihres Heimatdorfes genannt.‹

Wenn Schïming an der Quelle Wasser holen ging und den Mond sah, der sich im Wasser spiegelte, sagte er sich: ›Denk nicht mehr an sie! Es ist ja, als ob du den Mond aus dem Wasser fischen wolltest. Wo willst du sie denn suchen!?‹ Neben der Steinplatte nahe der Hütte, wo Schïming sich auszuruhen pflegte, wuchs ein Rhododendronbusch. Im Frühjahr hingen seine langen Zweige voller roter Blüten. Niedergeschlagen blickte Schïming auf die tanzenden Blütenschatten und dachte: ›Vergiß sie! Weißt du denn ihren Namen!? Es ist ja, als ob du den Wind haschen oder einen Schatten fangen wolltest.‹ Aber in welche Richtung er seine Gedanken auch lenkte, sein Herz

war wie ein ungestümes Wildpferd nicht mehr einzufangen.
Bedrückt und lustlos verbrachte Schïming das Frühjahr, und wieder wurde es Sommer. Eines Tages, als er in den Bergen war, begann es plötzlich heftig zu regnen. Um zum Meiler zurückzukommen, mußte Schïming ein Tal durchqueren. Aber als der Regen aufgehört hatte, wälzte sich durch das Tal ein Wildbach, der mit Leichtigkeit Felsbrocken mit sich riß, die ein Mensch nicht hätte bewegen können. Bald mußte es dunkel werden, und Schïming konnte nicht zum Meiler zurück. Während er sich darum Sorgen machte, hörte er plötzlich seinen Namen rufen. Schnell wandte er sich um und erblickte zu seiner freudigen Überraschung das Mädchen, das ihn am letzten Tag des alten Jahres besucht hatte. »In den Bergen gibt es Schlangengeister, die einen umbringen können«, sagte das Mädchen zu Schïming. »Ich habe schon mit dem Vater gesprochen, du kannst bei uns übernachten.«
Natürlich stimmte Schïming voll Freude zu. Als sie über einen Berg gestiegen waren, wurde es dunkel, die Bäume ringsum schienen in den Himmel zu ragen. Schïming wunderte sich. Jahrelang lebte er hier in den Bergen und hatte nicht gewußt, daß es hier so einen breiten, ebenen Weg gab. Es dauerte nicht lange, bis am Ende des Weges ein Gehöft auftauchte. Als sie davorstanden, erkannte Schïming eine Mauer aus Feldsteinen und ein Torgebäude aus Ziegeln. Innen lag ein geräumiger Hof. Ein alter Mann

kam ihnen entgegen und bat Schïming ins Haus, zu dem Mädchen aber sagte er: »Bestimmt hat er Hunger, Baini! Geh und mache ihm etwas zu essen!« Und das Mädchen verschwand.

Der Alte musterte Schïming von Kopf bis Fuß, nickte dann und sagte: »Glaub nicht, daß ich ein Fremder wäre! Ich habe schon deinen Ururgroßvater gekannt.«

Verwundert fragte sich Schïming, wie alt der Mann sein mußte, denn den Ururgroßvater hatte nicht einmal sein Vater gekannt. Der Alte wollte noch etwas sagen, aber da begann nebenan Baini zu singen. Schïming erkannte an der süßen Stimme und der lieblichen Melodie, daß sie es gewesen war, die er damals hatte singen hören. Das war für ihn schöner als alles andere, und wäre nicht der Alte bei ihm gewesen, wäre er sofort zu ihr gestürzt.

Aber der Alte hatte ihn längst durchschaut. Lachend sagte er: »Früher hatte mein Mädchen niemals jemanden gelobt. In der letzten Zeit aber spricht sie nur noch von dir. Da sie dich jetzt mitgebracht hat, will ich vollenden, was so schön begonnen hat.« Bei diesen Worten des Alten kam Baini herein und brachte das Essen. Sie setzte es ab und blieb neben Schïming stehen. Der Alte blickte erst das Mädchen und dann Schïming an und sprach: »Alles, was ich habe, ist dieses Mädchen. Aber wenn ihr euch liebt, soll der Regen euer Hochzeitsvermittler gewesen sein, und ihr werdet heute ein Paar.«

Baini blickte Schïming an, Schïming sah Baini an, und wie

auf Verabredung knieten sie vor dem Alten nieder und berührten mit der Stirn den Boden. Der Alte sagte Baini noch, sie solle gut zu Schïming sein, und ging in sein Zimmer. Schïming aber schlief bei Baini.
Am nächsten Morgen fiel Schïming die Sache von damals ein, und lachend fragte er Baini: »Warum hast du mich belogen und gesagt, du wohntest im Bergsonnendorf?« Baini lachte ebenfalls und erwiderte: »Warum soll ich dich belogen haben? Schau nur hinaus! Liegt unser Haus nicht vor den Bergen in der Sonne?« Sie faßte ihn bei der Hand und trat mit ihm ins Freie. Die Sonne war bereits aufgegangen, und die Blätter an den Bäumen glänzten wie Silber in ihrem Schein. Im Schatten der Bäume blühten goldgelbe Blumen. Schïming und Baini gingen in den Wald, und es dauerte nicht lange, da ertönten ihre Stimmen gemeinsam im Gesang.
In Lust und Freude lebte Schïming mit Baini. Ehe er es sich versah, waren sieben oder acht Tage vergangen. Da sagte er: »Ich will zum Meiler gehen, um den Gefährten Bescheid zu sagen. Wer weiß, wie sie sich um mich sorgen!«
Baini erwiderte: »Ich will dich nicht daran hindern, aber wann wirst du zurückkommen?« Schïming überlegte und sagte dann: »Ich werde drei Tage bleiben und bin am fünfzehnten wieder hier.« Baini stimmte ihm zu und sagte froh: »Am fünfzehnten abends komme ich dir entgegen.« Baini führte ihn den Weg zurück, den sie gekommen wa-

ren, zu dem hohen Wald hinaus. Hier schärfte sie ihm ein: »Warte hier auf mich, wenn du zurückkommst. Hör auf meine Worte!«

Als Schïming sich von Baini verabschiedet hatte, brauchte er nicht lange zu gehen, bis er in eine Gegend kam, die ihm vertraut war, und bald darauf war er am Meiler.

Schïming erzählte den Gefährten, was er erlebt hatte, und sie verbrachten zu dritt den ersten und den zweiten Tag. Am Morgen des fünfzehnten aber hielt Schïming es nicht länger aus. Er hatte Baini nur zwei Tage nicht gesehen, aber es kam ihm vor wie eine Ewigkeit. Er dachte: ›Ich werde früher zurückgehen. So weit ist es ja nicht, ich kann die Gefährten noch oft besuchen kommen.‹

Nach dem Frühstück machte er sich auf den Weg. Als er an die Stelle kam, wo er sich von Baini verabschiedet hatte, blieb er stehen. Baini hatte ihm ausdrücklich gesagt, sie wolle ihn am Abend abholen. Aber wie sollte er es aushalten, so lange zu warten? Besser, er ging allein weiter, den Weg kannte er ja. Mit diesen Gedanken ging er los. Aber als er über den Berg gestiegen war, mußte er haltmachen. Vor ihm stand der Wald dicht und undurchdringlich. Nicht nur, daß der breite Weg nicht da war, nicht einmal einen krummen, schmalen Pfad konnte er entdecken. Er blickte um sich, weil er dachte, er sei vielleicht fehlgegangen. Aber deutlich erinnerte er sich, daß er auf dem Wege zum Meiler eben hier vorübergekommen war. Darum trat er ohne Zögern in den Wald hinein.

An einigen Stellen standen die Bäume so dicht, daß Schïming sich zwischen den Stämmen hindurchwinden mußte. Er kam an moosüberwucherten Flecken vorbei und durch Täler, wo ihm die Gräser bis zum Gürtel reichten. Er stieg über ungezählte Bergrücken und durch zahllose Schluchten, ohne Bainis Haus zu finden. Die Sonne ging unter, und im Wald wurde es allmählich finster. Schließlich waren selbst die roten Pilze und die weißen Blumen nicht mehr zu erkennen. Jetzt bereute Schïming, nicht auf Baini gehört zu haben. Er hielt nach rechts und links Ausschau und entdeckte plötzlich einen Lichtschimmer, auf den er zueilte, so schnell er konnte. Der Wald lichtete sich, der Schein wurde deutlicher, und schon stand er davor.

Ach, es war nur eine Hütte aus Steinen, ohne Mauer, ohne Tor. Ein alter Mann stand vor der Hütte, und Schïming fragte ihn: »Alter Herr, wißt Ihr nicht, wo Bainis Haus steht?« Der Alte blickte Schïming an und sagte: »Erkennst du mich denn nicht? Ich bin doch Bainis Vater. Wir sind hierhergezogen.«

Schïming hörte wohl, was der Alte sagte, konnte es aber nicht glauben. Da fuhr der Alte fort: »Ich bin dir wohl zu dick? Vorhin habe ich eine Portion Baumpilze gegessen, davon bin ich so aufgeschwemmt. Wenn du mir nicht glaubst, Baini ist in der Hütte. Ich führe dich hinein!« Schïming zweifelte immer noch, aber es zog ihn zu Baini, darum folgte er dem Alten in die Hütte. Drinnen war es kalt und finster. Auch roch es unangenehm, und Schïming fragte sich, wie Baini es hier aushalten konnte. Er ahnte Schlimmes. Hastig wandte er sich um. Aber bevor er einen Schritt zurück tun konnte, fuhr sich der Alte mit der Hand über das Gesicht und verwandelte sich in eine riesige Schlange. Im Nu hatte sie Schïming umschlungen. Im grünen Gefunkel der Schlangenaugen konnte man jetzt die Umgebung erkennen. Links und rechts von Schïming wanden sich noch zwei schwarze Schlangen auf dem Boden. Der Schlangengeist öffnete sein Maul und sagte: »Glaub nicht, daß du mir entkommen kannst!« Schïming war erregt und empört, aber seine Hände und Füße waren fest umschlungen, auch mit größter Anstrengung kam er nicht wieder frei. Der Schlangengeist befahl den beiden schwarzen Schlangen: »Versperrt den Eingang der Höhle, meine Windgeneräle! Damit die Ginkgofee mir den Burschen nicht abjagen kann.« Raschelnd verschwanden die schwarzen Schlangen.

Schïming verstand nicht, wer mit der Ginkgofee gemeint war. Er dachte an Baini und war traurig. ›Jetzt wird sie auf mich warten‹, überlegte er. Wirklich stand Baini an der verabredeten Stelle und wartete auf Schïming, aber er kam und kam nicht. Plötzlich wurde Baini unruhig. Sie beugte sich schnell nieder und zog auf dem Erdboden einen Kreis. Der Kreis leuchtete auf, er wurde größer und größer, und in seinem Schein konnte Baini sehen, was in der Höhle geschah: der Schlangengeist hatte seine beiden langen Zungenspitzen in Schïmings Nasenlöcher gesteckt und saugte ihm das Blut aus. Dem Anschein nach mußte Schïming ohne Besinnung sein. Baini wurde blaß. Sie biß die Zähne aufeinander und wandte sich um. Auf eine Handbewegung von ihr wichen die Bäume zurück, und vor ihr lag wieder der breite Weg. Im nächsten Augenblick stand Baini vor ihrem Vater und sagte: »Vater, gib mir das Schwert!« – »Was ist dir, Kind«, fragte der alte Mann. Erregt erwiderte Baini: »Frag nicht lange, Vater! Gib mir schnell das Schwert! Der Schlangengeist bringt Schïming um.« Der Alte erschrak. »Du darfst nicht dorthin gehen, Kind! Der Schlangengeist ist zu mächtig. Und er hat noch seine beiden Windgeneräle. Du kommst nicht an gegen sie.« Baini standen vor Erregung die Tränen in den Augen. »Vater! Aus tausend Nöten und Gefahren würde ich ihn retten wollen.« Da seufzte der Alte und brachte das Schwert.

Mit dem Schwert in der Hand eilte Baini vor die Höhle des Schlangengeistes. Hier sah es nicht mehr so aus, wie Schïming es gesehen hatte. Ringsum war es finster. Die Öffnung in der Felswand glich einem großen schwarzen Rachen. Mit dem Schwert schnitt sich Baini ihr langes Haar ab und warf es vor die Öffnung der Höhle. Dann schlug sie zwei Steine gegeneinander, daß Funken daraus sprühten, die ebenfalls vor die Höhlenöffnung fielen. Dort lag jetzt ein Haufen Ginkgobaumzweige. Die Funken fielen darauf, und Flammen züngelten empor. Baini blies in die Flammen, das Feuer loderte auf. Rauch und Flammen drangen in die Höhle. Die beiden schwarzen Schlangen, die am Eingang Wache hielten, stürzten sich auf das Feuer, und zuckend verbrannten sie darin. Immer stärker loderte der Brand. Jetzt ließ auch der Schlangengeist von Schïming ab und glitt hastig aus seiner Höhle. Er stürzte sich in das Feuer, wand sich darinnen, verbrannte sich, kam aber wieder heraus. Er reckte seine giftige Zunge gegen Baini und schlug mit dem Schwanz auf die Erde, daß Steine zerbarsten. Aber Baini wich nicht zurück. Sie sprang zur Seite, schwang sich rittlings auf den Schlangengeist, hob das Schwert und schlug ihm den Kopf ab.

Als der Schlangengeist tot war, schürzte Baini ihren Rock, verhüllte das Gesicht damit und schritt mitten ins Feuer hinein. Das Feuer verbrannte sie nicht, aber der Schweiß durchnäßte die Kleider. Der Rauch ließ sie nicht erblinden, aber die Tränen liefen ihr in Strömen herab. Aber sie wollte gern alles auf sich nehmen, um nur Schïming aus der Höhle zu retten. Jedoch als sie ihn ins Freie gebracht hatte, war sein Blick erloschen. Sie sah ihn an, und das Herz wollte ihr zerspringen. Traurig sagte sie: »Schïming, wie gern wollte ich mit dir zusammen leben, wie gern mit dir singen!« Aber was sie auch sagte, Schïming hörte es nicht. Wie traurig sie auch war, Schïming spürte es nicht.

Bainis Vater kam, und er sagte: »Du hast den Schlangengeist erschlagen und Schïming damit gerächt. Du wolltest ihn retten und hast deine Pflicht erfüllt. Sei nicht traurig, Baini!« Baini aber schüttelte den Kopf und holte eine grüne Kugel aus ihrem Mund, glänzend wie ein Edelstein und funkelnd wie ein Tautropfen. Ihr Vater schrie vor Schreck auf und rief: »Kind! Dein Leben hängt daran! Du darfst sie nicht aus dem Mund nehmen, sonst kannst du nicht mehr zum Menschen werden. Im Sommer wird dich der Regen nässen und die Sonne brennen, im Winter wird dich der Nordwind quälen, Schnee und Eis werden dich frieren machen. Du weißt doch, wie das ist. Willst du es wieder erdulden müssen?« Baini ging nicht darauf ein, sie sagte nur mit weicher Stimme: »Vater, versprich mir, daß du ihm das Elixier eingeben wirst!« Bei diesen Worten verwandelte sich ihre Gestalt – ihr Gesicht wurde schwarz, die Haut wurde zu rauher Borke, die Arme wurden zu groben Ästen, und ihr Körper wurde zum hohen Stamm eines Ginkgobaums. Dem Baum aber fehlten die üppigen Zweige und die schönen grünen Blätter.

Der Alte steckte Schïming die Kugel in den Mund, und sofort kehrte die frische Farbe in Schïmings Gesicht zurück. Er stand auf, erblickte Bainis Vater und begriff nicht, was geschehen war. Der Alte wies auf den kahlen Ginkgobaum, wischte sich die Tränen aus den Augen und sagte: »Mein Kind! Das ist Baini. Ich will dir die Wahrheit sagen: Wir sind Ginkgobaumgeister. Um dich zu retten, hat sie ihr Haar abgeschnitten, und damit sie dich ins Leben zurückrufen konnte, kann sie jetzt nicht mehr zum Menschen werden.«

Worte vermögen nicht zu schildern, wie traurig und erschüttert Schiming war. Aber er vergoß keine Träne, und er jammerte nicht. Er sagte nur: »Ich will ihr mein Leben lang Gesellschaft leisten und meine Lieder für sie singen.« Wirklich ging Schiming nicht zu den Köhlern zurück. Und häufig klangen von dem kahlen Ginkgobaum her die Töne seiner Flöte oder seine Lieder herüber. Manche Leute sagen, Schiming sei später unsterblich geworden. Andere erzählen, nach hundert Jahren würden dem Ginkgobaum wieder Zweige und Blätter wachsen, und dann würde er sich wieder in ein Mädchen verwandeln, noch schöner als ehedem.

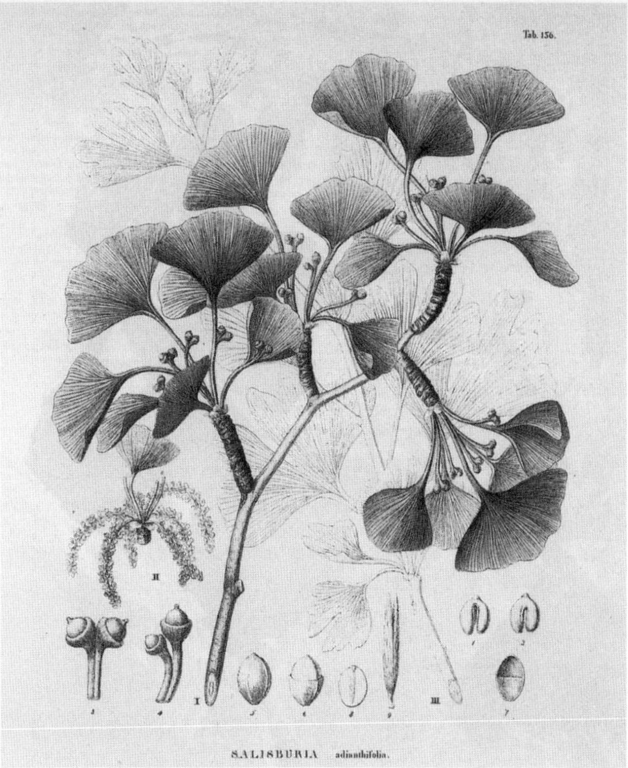

Ginkgozweig mit weiblichen Blüten (I),
daneben männliche Blütenkätzchen (II)

ONHANG XIU

GINKGO

Als die erste Ernte kam, trugen die Bäume nur drei,
vier Nüsse.
Aus einer goldenen Schale wurden sie dem Throne
dargebracht.
Die Würdenträger und Minister kannten sie nicht.
Und der Sohn des Himmels gabe eine Belohnung von
hundert Silbermünzen.
Jetzt, nach einigen Jahren, tragen die Bäume immer mehr,
Sie haben üppige Zweige getrieben.
Der Besitzer des Baums, um einen lieben Gast zu ehren,
beschenkte mich mit diesen Nüssen wie mit Perlen.

MIYAZAWA KENJI
ICHÔ NO MI

Das Himmelszelt scheint eisig, eisig und ganz wie blanker Stahl, der in der Weißglut gehärtet ist. Und es ist ganz mit Sternen übersät. Aber im Osten beginnt der Himmel nun, wie die Blütenblätter der zarten Herbstglockenblume seltsam aus dem Inneren zu leuchten.

Dort, wo die Morgendämmerung am unteren Himmel heraufzieht, werden Bruchstücke von zartem Rauhreif vom Winde weggerissen über Höhen, an die kein Tagesvogel je gelangt, und fliegen sara-sara nach Süden davon.

Es ist eine so durchsichtig klare Dämmerung, daß sogar der Ginkgobaum auf dem Hügel dieses schwache Geräusch hört. Auf einmal schlagen alle Ginkgofrüchte die Augen auf. Und dann erschrecken sie. Gerade heute ist ja der Tag der Abreise. Alle hatten es schon vorher gewußt, und gestern abend waren noch zwei Krähen gekommen, die davon sprachen.

»Wird mir nicht beim Herunterfallen schwindelig werden?« fragte eine Ginkgo-Frucht.

»Man sollte eben fest die Augen schließen«, antwortete ein anderer Ginkgojunge.

»Ach je. Ich habe ja ganz vergessen: ich hätte doch Wasser in die Feldflasche füllen sollen.«

»Aber ich, ich habe außer der Feldflasche noch ein Pfefferminzwasser vorbereitet. Soll ich dir ein bißchen abgeben? Mutter hat doch gesagt, man soll einen Schluck davon trinken, wenn man sich auf der Reise sehr schlecht fühlt.«

»Warum hat Mutter mir denn nichts davon gesagt?«

»Ich geb' dir doch was ab! Du darfst auf keinen Fall von Mutter schlecht denken.«

Es war nämlich so: der Ginkgobaum war die Mutter.

In diesem Jahr hatte sie Tausende von goldfarbigen Kindern geboren.

Und gerade heute sollten alle Kinder zusammen zur Reise aufbrechen. Die Mutter, in ihrem Schmerz, hatte in den letzten Tagen ihr goldenes fächerförmiges Haar ganz und gar abgeworfen.

»Ach, wer weiß, wohin ich überhaupt komme?« murmelte ein Ginkgomädchen, zum Himmel aufschauend.

»Das weiß ich auch nicht. Ich möchte überhaupt nicht weggehen«, sagte das andere.

»Was auch geschehen mag, ich möchte lieber bei Mutter bleiben.«

»Aber das geht doch nicht. Der Wind hat's doch alle Tage gesagt!«

»Ach, wie schrecklich.«

»Und wir werden alle voneinander getrennt werden.«

»O weh, wirklich. Dann, dann brauche ich nichts mehr.«

»Ich auch nicht! Verzeih mir, bitte, all die eigensinnigen dummen Dinge, die ich gesagt habe!«

»Ach! Und ich erst! Bitte, verzeih mir doch auch!«
Die Blütenblätter der Herbstglockenblume am östlichen Himmel verloren schon an Kraft, als ob sie unbemerkt dahingewelkt wären. Das helle Licht des Morgens zog langsam herauf. Die Sterne erloschen einer nach dem anderen. An der allerallerhöchsten Stelle des Baumes saßen zwei Ginkgojungen und unterhielten sich.
»Sieh mal, es ist schon hell geworden. Wie schön! Ich werde bestimmt ein goldener Stern werden.«
»Ich auch. Wenn ich hier herunterfalle, wird mich sicher gleich der Nordwind zum Himmel mitnehmen.«
»Der Nordwind tut das nicht, glaube ich. Der Nordwind ist nämlich nicht nett! Aber ich denke, die Krähe wird es sicher tun.«
»Natürlich, die Krähe tut's bestimmt. Die Krähe, die ist stark! Sie fliegt in einem Zuge von hier in die Ferne, bis sie gar nicht mehr zu sehen ist. Wenn wir sie darum bitten, wird sie uns beide bestimmt einmal in den blauen Himmel mit hinaufnehmen!«
»Wollen wir sie mal fragen? Es wär' doch schön, wenn sie gleich käme!«
Etwas weiter unten sprachen zwei andere Jungen miteinander:
»Ich werde zuallererst das Schloß des Königs der Aprikosen aufsuchen. Und dann vernichte ich das Ungeheuer, das die Prinzessin geraubt hat. So ein Ungeheuer ist doch bestimmt irgendwo.«

»Bestimmt. Das glaube ich auch. Aber ist es nicht gefährlich? Das Ungeheuer ist nämlich groß! So kleine Jungen wie wir werden doch durch ein ›Puh!‹ aus seiner Nase gleich weggeblasen.«

»Da hab' ich etwas Gutes bei mir. Deshalb ist gar keine Gefahr. Willst du's mal sehen? Guck mal!«

»Ist das nicht ein Netz, das aus Mutters Haar geflochten ist?«

»Stimmt. Mutter hat es mir gegeben. Ich soll mich nämlich darin verstecken, wenn etwas Schreckliches geschieht. Ich werde mit dem Netz in der Brusttasche zu dem Ungeheuer gehen. ›Hallo, hallo! Kannst du mich verschlingen oder kannst du das etwa nicht?‹ so werde ich sprechen. Ich glaube, das Ungeheuer wird wütend werden und mich sofort verschlucken wollen. Erst in seinem Bauch werde ich das Netz herausnehmen und es mir ganz überziehen. Und dann werde ich ihm den Magen völlig durcheinanderbringen. Na, davon wird das Ungeheuer wohl Typhus bekommen und sterben. Dann werde ich herauskommen, das Fräulein Prinzessin der Aprikosen mitnehmen und mit ihr zu ihrem Schloß zurückkehren. Und die Prinzessin werde ich dann heiraten.«

»Das ist wirklich gut. Dann darf ich doch als Gast zu dir kommen?«

»Na klar. Ich werde das Land teilen und dir die Hälfte geben. Dann schicke ich Mutter auch jeden Tag viel Kuchen und so was.«

Die Sterne waren ganz verloschen. Es war, als ob der Himmel im Osten weiß glühte. Auf einmal fing der Baum an zu rauschen. Nun stand dem Aufbruch nichts mehr im Wege.

»Ach, meine Schuhe sind zu klein. Das ist aber dumm. Da gehe ich lieber barfuß«, klagte ein Ginkgojunge.

»Dann tausche ich mit dir. Meine sind nämlich ein bißchen groß.«

»Zeig mal her! Prima, die passen wie angegossen. Danke schön.«

»Ich weiß gar nicht, was ich machen soll«, jammerte ein Ginkgomädchen. »Wo steckt denn bloß der neue Mantel, den mir Mutter geschenkt hat?«

»Schnell, such ihn! Auf welchen Zweig hast du ihn denn gelegt?«

»Ich habe es ganz vergessen!«

»Ach, das ist schlimm! Es soll doch jetzt furchtbar kalt werden. Du mußt ihn unbedingt finden!«

»Sieh mal, was für ein gutes Brot ich habe!« brüstete sich ein Ginkgojunge. »Die Rosinen gucken sogar ein bißchen heraus. Steck es schnell in die Tasche! Die Sonne geht schon auf.«

»Danke schön. Ich steck's ein. Laß uns zusammenbleiben, ja!«

»Ich bin ganz ratlos. Ich habe nun gar keinen Mantel. Was soll ich nur machen!« hörte man wieder das Ginkgomädchen. »Wir gehen doch zusammen. Wir werden eben

meinen Mantel abwechselnd tragen. Und wenn wir erfrieren, werden wir zusammen sterben.«
Der Himmel im Osten glühte weiß und geriet in schwingende Bewegung. Der Baum – die Mutter – stand unbeweglich, als wäre er ganz tot.
Plötzlich kamen Lichtbündel wie ein Schwarm von Goldpfeilen dahergeflogen. Die Kinder leuchteten beinahe so, als ob sie aufflögen.
Von Norden kam kalt wie Eis kristallklarer Wind herübergebraust.
»Leb wohl, Mutter!« »Leb wohl, Mutter!« Die Kinder flogen alle auf einmal wie Regen von den Zweigen herunter.
Der Nordwind lachte: »So sagt auch dieses Jahr wieder ›Lebt wohl! Lebt wohl!‹ und geht zu Ende.« Dabei ließ er seinen kalten, gläsernen Mantel aufblitzen und eilte davon.
Die Sonne stand wie ein flammender Edelstein am östlichen Himmel. Sie warf mit aller Kraft ihren Glanz auf die traurige Mutter und auf die Kinder, die zur Reise aufbrachen.

JOHANN WOLFGANG GOETHE
GINKGO BILOBA

Dieses Baums Blatt, der von Osten
Meinem Garten anvertraut,
Giebt geheimen Sinn zu kosten,
Wie's den Wissenden erbaut.

Ist es Ein lebendig Wesen,
Das sich in sich selbst getrennt,
Sind es zwey die sich erlesen,
Daß man sie als Eines kennt.

Solche Frage zu erwiedern
Fand ich wohl den rechten Sinn,
Fühlst du nicht an meinen Liedern
Daß ich Eins und doppelt bin.

Ginkgo biloba.

Dieses Baums Blatt, der von Osten
Meinem Garten anvertraut,
Giebt geheimen Sinn zu kosten,
Wie's den Wissenden erbaut.

Ist es Ein lebendig Wesen,
Das sich in sich selbst getrennt,
Sind es zwey die sich erlesen,
Daß man sie als Eines kennt.

Solche Frage zu erwiedern
Fand ich wohl den rechten Sinn,
Fühlst du nicht an meinen Liedern
Daß ich Eins und doppelt bin.

d. 15. S. 1815

Goethes Reinschrift des Ginkgo-biloba-Gedichts
mit zwei von ihm selbst aufgeklebten Ginkgo-Blättern

SIEGFRIED UNSELD
DER GINKGO

Im September 1815 gab Goethe einer geliebten Freundin ein Blatt des Ginkgo-Baumes als Symbol seiner liebenden Zuneigung: dieses Blatt »von Osten … Giebt geheimen Sinn zu kosten«. Was wußte Goethe von diesem Ginkgo, der heute Botanikern als der älteste Baum der Welt, als Urvater der Bäume gilt?
Goethe hatte Marianne Willemer ein Gedicht gewidmet, sie erwiderte mit einem Gedicht, und es entstand ein Wechselgesang. Drei Gedichte von ihr nahm Goethe in seinen *West-östlichen Divan* auf, ohne ihre Verfasserschaft zu erwähnen.

Ich bin durch meine Goethe-Studien mit dem Ginkgo bekannt geworden. Aufmerksam aber wurde ich, als ich in Japan, in Sonderheit in Tokyo, überall dem Ginkgo begegnete. Als Kultbaum im ehrwürdigen Tempel des Ueno-Parks, an der höchsten Pagode Tokyos im Tojo-Park, überall war der Ginkgo zu sehen als Wahrzeichen, als Wahrzeichen der Stadt Tokyo, der Universität Tokyo – und selbst der Müllabfuhr! Marianne Beuchert hat in ihrem Buch *Symbolik der Pflanzen* die besondere symbolische Bedeutung des Ginkgo, seiner Blätter, seiner botanischen Eigenschaften festgehalten. Der Baum ist Symbol für Hoffnung, langes Leben, Fruchtbarkeit, Freundschaft, Anpassung, Unbesiegbarkeit.

Erst in den letzten dreißig Jahren beschäftigten sich die Wissenschaftler mehrerer Disziplinen, Paläobotaniker, Botaniker, Biochemiker, Kulturhistoriker, Religionshistoriker, mit dieser Pflanze. P.-F. Michel hat in seinem Buch *Ein Baum besiegt die Zeit* wichtige Ergebnisse dieser wissenschaftlichen Studien zusammengefaßt und zugänglich gemacht.

Der Ginkgo ist ein robuster Baum, widerstandsfähig, keine Schädlinge wagen sich an ihn. Er ist anspruchslos gegenüber dem Klima. Er kann bei entsprechendem Alter vierzig Meter hoch werden. Vielleicht ist der Ginkgo, dieser Fächerblattbaum, wirklich die älteste Baumpflanze unseres Kosmos. Forscher geben seiner Geschichte über dreihundert Millionen Jahre. Da ist von der Trias, der Jura- und Kreidezeit die Rede, dann vom Tertiär. Schon vor etwa 60 Millionen Jahren, also längst bevor die ersten Menschen die Erde betraten, existierte er. Kein menschliches Auge hat ihn damals gesehen, Forscher erschließen seine Existenz aus Versteinerungen. Die Dinosaurier müssen den Baum gesehen haben! (Im Paläobotanischen Institut in Paris gibt es ein Bild, das Dinosaurier in einer Wasser- und Baumlandschaft vorstellt, die Bäume der Landschaft sind Ginkgos.) Im Tertiär wuchs der Baum in den riesigen Waldsümpfen und war nicht zuletzt beteiligt an der Heranbildung der Braunkohle. Im Biozän, kurz vor der Eiszeit, also vor einer Million Jahren, war der Ginkgo im Gebiet um das heutige Frankfurt am Main vertreten, da allerdings zum letzten Mal in Europa. Er rettete sich als einzige von vielen Arten nach dem wärmeren Ostasien. In China sind die ersten Spuren des Ginkgo belegt. Ein chinesisches Medizinbuch, die »Materia medica« von 1578, erwähnt als einen Heimatort des Ginkgo Nanking. Im Jahre 1960 wurde in Nanking ein Grab geöffnet, in dem neben anderen Bäumen auch ein Ginkgo als Relief gefunden wurde: Unter den Bäumen gehen die Sieben Weisen des Bambushains ihren musischen Beschäftigungen nach. Die Entdeckung in der Grabkammer zeigte, daß das Auftreten des Ginkgo früher zu datieren ist, als seine Erwähnung in der Literatur im 11. Jahrhundert vermuten läßt. Es gibt ein Gedicht des Chinesen Onhang Xiu aus dem 11. Jahrhundert (ausgestellt in der Ginkgo-Ausstellung im Schloß Belvedere, Weimar 1995):

Ginkgo

Als die erste Ernte kam, trugen die Bäume nur drei,
vier Nüsse.
Aus einer goldenen Schale wurden sie dem Throne
dargebracht.
Die Würdenträger und Minister kannten sie nicht.
Und der Sohn des Himmels gab eine Belohnung
von hundert Silbermünzen.

Jetzt, nach einigen Jahren, tragen die Bäume immer
mehr,
Sie haben üppige Zweige getrieben.
Der Besitzer des Baums, um einen lieben Gast
zu ehren,
beschenkte mich mit diesen Nüssen wie mit Perlen.

Die Pflanze hieß erst »Entenfuß«, chinesisch ya-chiao (sprich ja-djiau). Da dies eine volkstümlich-derbe Bezeichnung ist, konnte sie nicht in die Literatursprache eingehen. So wurde die Pflanze Mitte des 11. Jahrhunderts umbenannt. Sie hieß nun yin-hsing (etwa jin-chin). Yin = Silber, hsing = Aprikose, also Silber-Aprikose. Unter dieser Bezeichnung erscheint, so Günther Debon, der Baum auch als Bildtitel im Katalog der kaiserlichen Gemäldesammlungen von 1123, wo im 19. Kapitel ein »Greis unter Silber-Aprikose« verzeichnet ist. Später wurde das Holz des Baumes beachtet; da es polierfähig ist, wurde es für das Schnitzen von Schachfiguren benutzt.

Erst vor 250 Jahren kam der Ginkgo wieder nach Europa. Einen großen Anteil an dieser Rückkehr hatte der Deutsche Engelbert Kaempfer (1651-1716), der als neuerer Entdecker des Ginkgo-Baumes gilt; er bereiste im Auftrag der niederländischen Ostindischen Companie mehrere Gebiete Ostasiens. Er war einer der gelehrtesten Männer seiner Zeit; er konnte Griechisch und Latein und sprach viele Sprachen: Englisch, Französisch, Russisch, Polnisch,

Persisch und Japanisch. Er war Experte in Naturkunde und Medizin und konnte zeichnen. In Lemgo gibt es ein Denkmal von ihm mit einer Widmung von Albrecht von Haller: »Nulli peregrinatorum secundus – Unter den Forschungsreisenden steht er keinem nach.«

Kaempfer war der erste, der den Ginkgo für die westliche Welt botanisch beschrieb. Ihm mußte der im Vergleich zu anderen asiatischen Gehölzarten eigenartige Baum auffallen. Vermutlich geschah dies 1691; man nimmt an, er hat seine Aufzeichnungen in Nagasaki verfaßt. Er schrieb eine Abhandlung: *Ginkgo oder der Gin an, volkstümlich Itsjo. Ein nußtragender Baum mit Venushaarfarn.* Es war Kaempfer, der die Schreibweise Ginkgo kreierte. Er hat versucht, die einheimischen Namen zu notieren. Beim Ginkgo waren das – nach heutiger Transkription – ginkyo, ginnan und icho. Alle drei Schreibweisen sind von Japan aus China übernommen, also sinojapanischer Herkunft; der erste Name also wie im Chinesischen gin = Silber, kyo = Aprikose, ginkyo = Silberaprikose. Wie kam Kaempfer zur Schreibweise ›Ginkgo‹? Vermutlich hat der erste Setzer seines Werkes das *y* mit *g* verwechselt, und da der Baum unter diesem verkehrten Namen so erstmals festgelegt war, die ›Wissenschaft‹ jedoch keine Änderung duldet (der Druckfehler also so zählebig blieb wie der Baum), blieb es dabei bis zum heutigen Tag. Jedenfalls hat der große naturwissenschaftliche Klassifizierer Carl von Linné an dieser Schreibweise festgehalten. Wegen der Zweilappigkeit

der Blätter fügte Linné den Begriff »biloba« hinzu. »Ginkgo biloba« wurde in dieser Form ein für allemal festgeschrieben. Hätte der erste Setzer sich nicht geirrt, bliebe vielen ein Stolpern über die häßlich harte Fügung Ginkgo erspart, und wir würden die schöne »Silberaprikose« mit dem wohlklingenden Namen »Ginkyo« bezeichnen.
Neben der bereits erwähnten Bezeichnung »Entenfuß« sind weitere volkstümliche Namen bekannt: Elefantenohrbaum, Weiße Frucht, Beseeltes Ei, Tausend Taler, Bajm, Mädchenhaarbaum und Maidenhair Tree.
Da es im Japanischen kein grammatisches Geschlecht gibt und da der einzelne Baum weiblich oder männlich sein kann, darf man im Deutschen »der« oder »die« Ginkgo sagen, dagegen ist Ginkgo in der neulateinischen Fachsprache ein Femininum, wie am Artnamen »biloba« zu erkennen ist, also »die« Ginkgo biloba. Die Irritation des Namens erfährt noch dadurch eine Steigerung, daß Goethe in der handschriftlichen Fassung seines Gedichts »Ginkgo biloba« schrieb, beim Druck des Gedichts jedoch die Schreibweise »Gingo« als »Gingo biloba« wählte. Als Naturforscher war er sich der ›wissenschaftlich korrekten‹ Schreibweise durchaus bewußt, aber als Dichter und insbesondere als Schöpfer des *West-östlichen Divans* verweigerte er sich ihr aus euphonischen Gründen im Gedichttitel seines Buches. Eingebürgert hat sich nun generell, auch im wissenschaftlichen Bereich, der maskuline Genus, »der Ginkgo biloba«.

Bereits von Kaempfer wissen wir, daß in Japan die gerösteten Kerne des Ginkgo als Delikatesse sehr geschätzt sind, daß sie Gesundheit und langes Leben bringen sollen. Bei Hochzeiten und anderen Festlichkeiten werden sie rot eingefärbt und sind unverzichtbares Lebenselixier.

Durch Engelbert Kaempfer also wurde der Ginkgo in Europa wieder heimisch. Zuerst wurde er in den Niederlanden gesichtet, im Botanischen Garten von Utrecht wurden die ersten Kulturversuche durch Aussaat unternommen. Im Jahre 1795 wurde ein Ginkgo am Eingang des Botanischen Gartens von Leiden gepflanzt, man kann den ebenmäßig gewachsenen Baum noch heute sehen. In Deutschland gibt es wohl in Jena, Dresden und Frankfurt am Main die meisten Ginkgo-Bäume.

Was ist botanisch das Besondere am Ginkgo? Der Baum ist nicht klassifizierbar. Es gibt mehrere Besonderheiten. Der Ginkgo ist ein Fächerblattbaum. Er gehört nicht in die Familie der Nadelhölzer und nicht in die der Laubhölzer. Er stellt eine eigene Familie mit sehr vielen fossilen Arten dar. Auffällig ist vor allem die ungewöhnliche Blattform, eben der Fächer: Im Umriß ist das Blatt dreieckigfächerförmig; an der Vorderkante sind die Fächerblätter stärker gewellt oder gebuchtet, vorn in der Regel tiefer eingeschnitten, so daß das Blatt zweilappig erscheint. Der Blattstiel ist lang, und es gibt keine mittlere Rippe, sondern zwei Seitenrippen.

Man kann beobachten, daß diese Blattgestalt unterschiedlich ist, ein Ginkgozweig hat Lang- und Kurztriebe, bei den Langtrieben sind die Blätter weiter voneinander entfernt und zeigen die typische zweilappige Form, bei den Kurztrieben stehen sie eng zueinander und sind meist ohne diesen Einschnitt. Der Ginkgo beginnt im Mai zu grünen, er ist ein sommergrüner Baum. Ginkgo biloba ist eingeschlechtlich, d. h., ein Baum ist entweder männlich oder weiblich, so daß die Botanik von Zweihäusigkeit spricht. Herr Ginkgo und Frau Ginkgo leben getrennt und entwickeln ihre Samenzellen auf verschiedenen Bäumen. In seiner Gestalt variiert der Baum. Beim männlichen überwiegt in der Regel die schlanke Säulenform, beim weiblichen Geschlecht eine ausladende Kronenform. Allerdings gibt es viele Abweichungen, allein nach der Wuchsform ist das Geschlecht nicht zu bestimmen.

Goethe hat einmal seinem Großherzog gegenüber das Ginkgo-Blatt so bestimmt: »Die Blätter des Baums haben das Eigene, daß sie sich in jüngeren Jahren in der Gestalt zeigen … wo ein Einschnitt in dem Fächer kaum angedeutet ist. Dieser Einschnitt aber nimmt an späteren Zweigen zu … und zwar endlich dergestalt, daß es zwey Blätter zu sein scheinen.« Hier muß freilich eine Korrektur angebracht sein. Es trifft nicht zu, daß die kleineren Einschnitte sich im Fächer jüngerer Bäume und die tieferen sich in den Blättern älterer Bäume befinden. Oftmals weisen junge Blätter die tiefen Einschnitte auf, während ältere Blätter kaum Andeutungen einer Zweilappigkeit

zeigen; an ein und demselben Baum kann es zudem Variationen der verschiedenen Einkerbungen geben. Goethe aber konnte in botanischer Hinsicht sicher weniger von Ginkgo-Bäumen wissen als Forscher heute.
Neben der Fächerform ist weiterhin charakteristisch die gabelnervige Blattspreite. Die Nerven des Blattes gehen von der Basis eines feinen Stiels nach oben bis zum Rande. Es gibt also eine merkwürdige Nervatur des Blattes. Es sind zwei Nervenbündel, schon gleich hinter dem Spreitenansatz werden beide Bündel gabelförmig aufgegliedert. Zusammen mit dem Blattgrundriß bildet dieses Lineament aus spitzwinkligen Leitbündeln das sehr prägnante, eigenartige Muster. Die Blätter färben sich im Herbst leuchtend hellgelb, fast golden.
Er ist ein durchaus eigener Baum. Marianne Beuchert schrieb: »Er ist noch kein Blattbaum (obwohl er scheinbar Blätter trägt), kein Nadelbaum, sondern ein eigener Versuch der Natur, aus der man die Ordnung der Ginkgoales bildet.«
Der Ginkgo hat in der Pflanzenwelt eine einmalige Art der Vermehrung. Erinnert sei an die Zweihäusigkeit. Zunächst ist die Fortpflanzung normal. Die Staubbeutel der männlichen Blüten öffnen sich, schütten ihre Pollenfracht aus, die Pollen werden vom Wind verbreitet. Dann müßten sie die Eizelle befruchten. Nicht so beim Ginkgo. Zum Zeitpunkt der Bestäubung Anfang Mai ist keine befruchtungsfähige Eizelle vorhanden. Der eingefangene

Pollen wird zunächst auf Halde gelegt: Erst wenn die Pollen die weibliche Blüte erreicht haben und durch einen Bestäubungstropfen eingesogen wurden, beginnt die Samenanlage der weiblichen Blüte zu wachsen, im Hochsommer hat sie die Größe einer Kirsche erreicht. In den Samenanlagen entsteht der weibliche Gametophyt. Erst dann bei Herbstbeginn – fünf Monate nach der Bestäubung – kann die Befruchtung stattfinden. Es wird an der sehr komplizierten Befruchtung des Ginkgo geforscht. Nach dem heutigen Stand der Forschung geben die abgelagerten Pollen begeißelte Spermatozoiden ab. Durch einen winzigen Flüssigkeitstropfen schwimmen die Spermatozoiden zur Eizelle. Die »Fruchtanlage« fällt auf den Boden, es entsteht ein Embryo, aus dem sich ein neuer Baum entwickeln kann. Was wir für Früchte wie Mirabellen halten, ist die gelbe Samenanlage. In dieser Anlage sind Fettsäuren enthalten, die beim Zerfall des Samenfleisches einen unangenehmen ranzigen Geruch verströmen. Der Kern schmeckt aber, wenn man ihn von seiner Schale befreit, ganz gut und ist in gerösteter Form sehr schmackhaft.

Der Ginkgo wurde insbesondere durch die Form des geteilten Blattes und durch seine Zweihäusigkeit zum Sinnbild des dialektischen Yin und Yang, des weiblichen und männlichen Prinzips, von Freud und Leid, Leben und Tod. Mit dem Ginkgo ist in unserer Zeit ein neues Symbol mit weltweiter Geltung entstanden, ein Symbol der Unbesiegbarkeit, der Hoffnung. Der Ginkgo ist ein großer, anerkannter, zu den Weltbäumen gehörender Baum geworden. Manchmal meint man, ihm sein ihm widerfahrenes Leid anzusehen, so wie seine Blätter an den kleinen Ästen dicht am Stamme kleben. Aber er wächst. Der berühmte Paläobotaniker Sir Albert Seward meldete sich mit der Beobachtung: Der Ginkgo ist »ein Weltenbaum, der die Geheimnisse einer unermeßlichen Vergangenheit bewahrt«.

In New York werden mehr und mehr Ginkgo als Straßenbäume gepflanzt, und nicht wenige glauben, daß der Ginkgo New York überdauern wird. Sicher, es war in unserem Jahrhundert durchaus Interesse an dem Ginkgo biloba vorhanden, ein wissenschaftliches Interesse, ein mythologisches Interesse, das Interesse an Goethe. Doch weiterhin bekannt und neu erforscht wurde der Ginkgo erst, nachdem das Wunder bekannt geworden war: In Hiroshima war ein Ginkgo, der nur 800 m vom Zentrum der Explosion der ersten Atombombe entfernt stand, total zerstört worden, wie alles in dieser Zone. Man dokumentierte und fotografierte ihn als Atombomben-Ginkgo von Hosenbo in Hiroshima. Und nun das Wunder: Ein Jahr nach dem Abwurf der Atombombe, im folgenden Frühling 1946, trieb ein frisches, schüchternes Reis aus dem alten verdorrten Wurzelstock. Das war nicht nur eine botanische Sensation.

Nach dem Wunder von Hiroshima begann die medizinische Wissenschaft, den Ginkgo zu untersuchen, und entdeckte seine Heilkräfte. Sie sind bei weitem noch nicht gründlich erforscht, begann bei uns die Forschung doch erst im letzten Jahrzehnt. Gertrud Scherf hat in ihrem Buch *Die Kraft der Heilpflanzen – Ginkgo* die möglichen Heilwirkungen ausführlich dargestellt: »Seine wichtigste Aufgabe erfüllt Ginkgo als Heilpflanze: in der traditionellen chinesischen Medizin, in der Homöopathie, in der asiatischen Volksmedizin und in der modernen Pflanzenheilkunde. Ginkgo-Extrakt ist bekannt für seine durchblutungsfördernde Wirkung, hilft jedoch auch bei einer Vielzahl anderer Beschwerden.«

Was man wußte, ist, daß die Ginkgo-Nüsse schon seit früherer Zeit als Heilmittel eingesetzt wurden. Es handelt sich dabei um die von der übelriechenden fleischigen Außenschicht befreiten Samenanlagen. Man nimmt die in die sogenannte »Nußschale« gehüllten Kerne und kocht sie in der Regel oder röstet sie. Die Kerne sind arm an Fetten und reich an Stärke und Eiweiß.

Von diesen Ginkgonüssen kennt die Medizin seit Jahrhunderten die unterschiedlichen Indikationen, insbesondere gegen Husten, Asthma, Nervosität. Manchmal fanden sie Anwendung gegen Pocken. Aus Ginkgoblättern wurden im frühen China Pflaster und Tees gewonnen. Sie sollen als Mittel bei Asthma, Bluthochdruck und Ohrensausen, aber auch bei Angina pectoris eingesetzt worden sein.

Wolfgang Caesar, Mediziner im Deutschen Apotheker Verlag, weiß zu berichten: »Der weltweite Siegeszug des Ginkgo als Arzneipflanze begann erst nach dem Zweiten Weltkrieg. In den sechziger Jahren stellte eine deutsche Forschergruppe fest, daß der nach einem bestimmten Verfahren gewonnene Extrakt aus Ginkgoblättern durchblutungsfördernde Eigenschaften besitzt. Seither werden Ginkgoblatt-Extrakte zur Behandlung körperlicher Leiden eingesetzt, bei denen Ginkgo früher nicht indiziert war, zum Beispiel bei zerebralen Durchblutungsstörungen, insbesondere der Beine.« Die Extrakte setzten sich rasch durch. 1992 hatten verschiedene Präparate, die mittlerweile in Deutschland auf dem Markt sind, einen Umsatz von 370 Millionen Mark erreicht, das entspricht einem Drittel aller durchblutungsfördernden Mittel. Dirk R. Munck, Inhaber der Münster-Apotheke in Überlingen, kennt mehr als 70 Ginkgo-Präparate. Die bekanntesten sind Kaveri, Tebonin, Gingium, Craton, Roekan, Ginkobil, Ginkgo comp. und Ginkgo 405. Erst vor wenigen Jahren wurde ein Mittel gegen arterielle Durchblutungsstörungen bekannt: »Tebonun«. Es wird aus dem Trokkenextrakt von Ginkgo-Blättern hergestellt, eingestellt auf 9,6 mg Ginkgo flavon glykoside, und dient der Behandlung von Hirnleistungsstörungen und Vigilanz mit den Symptomen Schwindel, Ohrensausen, Kopfschmerzen, Gedächtnisschwäche. Auch in den USA wird die Forschung weiter vorangetrieben. Man versucht zwei Stoffgruppen aus Ginkgoblättern zu gewinnen: Flavonoide und Terpenoide. Zu den Terpenoiden zählen u. a. fünf Ginkgolide. Der Amerikaner E. J. Coresy wurde 1990 unter anderem für die Synthese der Ginkgolide mit dem Nobelpreis für Chemie ausgezeichnet.

Obschon die Wissenschaft nicht sehr weit fortgeschritten ist, konnte die therapeutische Wirksamkeit bestimmter Spezialextrakte des Ginkgo nachgewiesen und ihre Anwendung bei »peripheren arteriellen Verschlußkrankheiten« vom Bundesgesundheitsamt bestätigt werden. Sie sind aus der Sicht der phytotherapeutischen Therapierichtung bei Durchblutungsstörungen anzuwenden, die vor allem im Alter im Gehirn und in den Gliedmaßen auftreten.

Man kann also sagen: Der Ginkgo hilft besonders im fortgeschrittenen Alter, Gesundheit zu erhalten.

So ist der Pflanze Ginkgo ein Geheimnis entlockt, dieser – wie Goethe sagte – Pflanze »aus dem Osten«, die uns »geheimen Sinn zu kosten« gibt.

FRIEDRICH SCHNACK
DER GINKGOBAUM

Für den wahren Freund Goethes gibt es nicht nur die geistige Signatur des dichterischen Werkes, sondern auch die mystische seines Wirkens und Erdenwandelns. Sie haftet an vielen Dingen und Orten. Unauslöschlich ist der Nachglanz seines leiblichen Auges zahlreichen Erscheinungen der äußeren Welt aufgeschmolzen, vielen Gestalten der Natur eingeprägt. Sein Vaterhaus in Frankfurt, das Dichterhaus in Weimar, die Bücher und Möbel, Sammlungen und Gegenstände, die Feder, die seine Hand geführt, die Erde, die seine Finger geprüft, selbst die Treppe, die sein Fuß betrat, all diese Dinge besitzen eine geheime Weihe, eine mystische Kraft und Schönheit. Kein Fühlender und Goethe liebender Mensch wird sich ihrer magischen Ausstrahlung entziehen können. Des Dichters Wesen hat die Stoffe und Gegenstände durchdrungen. Er hat ihnen gleichsam von seiner Unsterblichkeit gegeben. Es sind hohe und geringe Dinge, die vom Atem seines Genius' angeweht sind und durch ihn an Rang erhöht wurden. Zu den niederen mögen die Steine und Mineralien, die Hölzer, Knochen und Erden gehören. Durch seinen Aufsatz »Über den Granit« hat er dieses Gestein als Urfelsen mit Licht gekrönt und ihm eine mächtige und kühne Erdenvision eingegossen.

Doch erinnere ich mich eines noch schlichteren und alltäglichen Dinges, an das sich mir der Name Goethe fügte. Lange besaß ich es. Im Krieg kam es abhanden. Es war eine Kastanie. Durch das Tragen in der Hosentasche war sie noch blanker geworden, als sie schon von Natur aus war. In der welligen, glasglatten Politur erkannte ich wie eine Bildschrift den Namen Goethe. Sie war in seinem Garten nahe bei seinem schönen Gartenhaus gefunden worden. Ein alter Dichter hatte sie mir, dem jüngeren, geschenkt. Niemals wieder habe ich ein bezeichnenderes Geschenk erhalten. Ein Nichts für die Welt – unter Eingeweihten eine teure Reliquie, für mich ein Stück Weimar. Außer den Werken des Dichters in meinem Büchergestell und seinem Wort in meinem Herzen besaß ich nichts von ihm. Und doch vermeinte ich, sehr viel von ihm zu haben. Ich war damals Soldat im Orient. Mochten andere Edelsteine, Ringe und Talismane mit sich führen, ich hatte Goethes Kastanie. Sie war mir ein Gleichnis und bedeutete »in nuce«: fernes Vaterland, fernes Weimar, fernes Gedicht!

Wenn ich heute, viele, viele Jahre später, am Morgen in meinem eigenen Garten hinaustrete, wo kein Kastanienbaum steht, erschaue ich eine andere mystische Signatur des Dichters. Es ist ein Baum, – doch, wie gesagt, kein Kastanienbaum. Er wächst mitten in der Wiese und flimmert im Morgenlicht. Sein Laub erzittert im Frühwind, es ist wie Espenlaub leicht erregbar, da es einen langen, schwanken

Stiel besitzt. In Überlingen am Bodensee, meinem Wohnsitz, ist der Baum, wie mir der Stadtgärtner gesagt hat, der einzige seiner Art. Und warum sollte er nicht als einziger im Garten eines Dichters stehen, bei mir, der die Bäume liebt! Dieser ortsseltene und auch sonst nicht allzu häufige Baum ist der Ginkgobaum, der Fächerblattbaum.

PETER HÄRTLING
AN DEN GINKGO VOR DER TÜR

Wenn ich hinaus geh
vor die Tür,
geh
und den seltenen Baum –
daß ich Eins und
doppelt bin –,
den ich vor Jahren
gepflanzt habe,
betrachte,
den Ginkgo
(bei Sabine L. las ich,
er werde New York überdauern,
diese Stadt),
dann frage ich mich
oder frage ihn:
Baum, warum hältst du
den Frühling hinaus?
Baum,
warum überläßt du
den Sommer andern?
Baum,
warum überwinterst du
leichter als ich

und nimmst mein
Gedicht vorweg.
Du bist

schlau,
Baum.

FELIX POLLAK
GINKGO

Für Alicia Ostriker

Hoch und schlank, bot er Schatten den Tempelgärten
von Yu,
und Siddhartha Gautama sah seine spärlichen unregel-
mäßigen Äste
seltsam im Mondlicht.
Er kannte Homer und Ptolemäus, Michelangelo
und Shakespeare,
und Goethe widmete ihm ein paar seiner minder
bedeutenden Verse,
worin er das eingespaltene Ginkgoblatt mit dem
Zwiespalt (ach!)
seiner Seele verglich. (Meine Großmutter preßte
ein solches Blatt
zwischen den zwei betreffenden Seiten seiner
Gesammelten Werke.)

Silberaprikose, der Frauenhaarbaum, ein »lebendiges«
Fossil,
Ginkgo, Ginkgo, Ginkgo, Jinkgo, Jinkgo, Jinkgo,
der einzige überlebende Baum aus geologischer
Urzeit, überlebend
wo immer, zu den Deziduen und Gymnospermen
gehörig, was heißt, daß er

jedes Jahr diese kleinen, dichtgenarbten,
halb zusammengewachsenen oder
halb geteilten gelben Fächerblätter abwirft und
nacktsamig ist;
auch gibt es ihn männlich und weiblich. Doch nur den
männlichen
Baum empfiehlt es sich anzupflanzen: der weibliche,
der zwar Früchte hervorbringt, deren Kerne als Speise
»sich bei Asiaten großer Beliebtheit erfreun«, bringt
zugleich
das die Kerne umgebende Fruchtfleisch hervor,
und das ist,
wie leider gesagt werden muß, »äußerst übelriechend«.

Betrachte dies Blatt genau: Kein Zweifel,
Lao-tses Augen
ruhten auf einem, das dessen vollkommener Zwil-
ling war, Alexanders Truppen
(Witze reißend über den Geschlechtsgeruch ihrer
Frauen daheim)
rochen denselben Fruchtgestank, aßen dieselben
ovalen Kerne.
Ginkgo biloba: »zwischen Farnen und Blütenpflanzen
das *missing link*«: Überleben ist die entscheidende
Tugend.

OTTO CRUSIUS
DIE BEIDEN GINKGOBLÄTTER

Sommermüde Ginkgoblätter,
Leuchtend wie Zitronenfalter
Flattern auf die Bank hernieder,
Rauschen, wispern:
»Weißt du noch?«

»Denkst du noch?« –
So singt das eine
Doppelstimmig – »jener Tage,
Wo zwei Seelen, die sich suchten,
Zur Zweieinigkeit gefunden?

Schau mich an!
Ihr Geist erschuf mich
Ohne Riß- und Scheidegrenze
Sanft umsäumt von Wellenlinien,
Herzen, zweifach und verschmolzen.«

Doch die andre Doppelstimme
Raunt mir zu:
»Denkst du der grauen
Schicksalstage, die euch trennten?
Ich erwuchs in ihrem Zeichen.

Tief gespalten, losgerissen
Eine Hälfte von der andern –
Schau mich an – unlöslich bleiben
Beide Herzen doch verbunden.«

Sommermüde Ginkgoblätter,
Leuchtend wie Zitronenfalter
Flattern auf die Bank hernieder,
Rauschen, wispern:
»Weißt du noch?«

JOACHIM LEHMANN

Das Ginkgo-Blatt –
ein Fächer –
gegen wen, für wen,
Kühlung oder Abwehr?

Das Ginkgo-Blatt
vor dem Mund:
Fächer der Worte –
Barriere für Worte,
abgezogen
Freigabe für Küsse: –
das Ginkgo-Blatt.

In deinen Schoß
fiel
das Ginkgo-Blatt,
Deckung der Scham
oder Offenbarung:
nach links gewendet
oder nach rechts,
in der Mitte:
Erkenntnis.

Joseph Beuys, Gingko (sic). Holzrelief 1949

HANS FRANCK
GINKGO-MÄRCHEN

Der östliche Ginkgo biloba, nicht die nordische Esche, ist der Weltenbaum. Auf ihm sind die ersten Menschen gewachsen. Und sie waren, gleich diesen Blättern, unterwärts zusammengewachsen, oberwärts getrennt. Mann und Frau bildeten, wie das Blatt, zugleich eine erscheinunghafte Einheit und eine wesensgemäße Zweiheit. Sie blieben bei aller Besonderheit des Ausgangs in ihrem Ursprung – mit dem Saftstrom, der durch Beide hinging – einander ständig verbunden. Körperliche Trennung hätte zu den Urzeiten der Menschen dem Mann sowohl wie der Frau das Leben gekostet. Sie konnten keinen Augenblick lang ohne einander bestehen. Sie konnten nur für einander, nur an einander, nur in einander sein.

Mag nun ein ungeheurer Sturm, welcher den Weltenbaum mit einer Gewalt schüttelte, daß er bis in seine letzten Wurzelfasern erzitterte, die Ursache gewesen sein; mag Glücksüberdruß, Erlebnishunger des trotz seiner Zweigeschlechtlichkeit zusammengewachsenen Menschen die Schuld tragen, jedenfalls: An dem Ausgang dieser Nacht befanden sich sämtliche vom Weltenbaum herabgeschüttelten oder herabgesprungenen menschlichen Wesen als Mann und Frau auf der Erde. Ihre körperliche Verbindung war zerrissen. Sie wurden Zwei. Und müssen nun stets von neuem sich suchen. Das mag dem Früheren gegenüber mehr sein. Es ist aber zugleich weniger. So daß auch dem höchsten Liebesglück der Schmerz beigemischt ist. Denn sowohl körperliche Vereinung wie seelische Einswerdung sind den endgültig zerzweiten Menschen jeweils nur für wenige höchste, unbewußte Augenblicke des irdischen Daseins vergönnt.

Die Menschen trieben es auf der sich ständig mehr bevölkernden Erde in Liebe und Haß, mit Einung und Trennung so, wie Mann und Frau es bis auf den heutigen Tag, um die Tatsache oder den Schein der einstigen Einheit wiederherzustellen, notgedrungen treiben müssen. Der Ginkgo biloba jedoch reckte anklagend die kahlen Ast-Arme in den Himmel hinauf. Und Gott erbarmte sich seiner Verlassenheit, die für den Weltenbaum Tod bedeutet hätte. Er ließ, statt der Menschen, die bisher darauf gelebt hatten, aus seinen Zweigen Blätter hervorgehen, welche – wie es an dem Baum vor unseren Augen vielhundertfach zu sehen ist – den Urzustand des Menschengeschlechtes für immer versinnlichen, da sie – unterwärts zusammengewachsen, oberwärts getrennt – eine lebendige Zweieinigkeit bilden: das irdische Abbild der göttlichen Dreieinigkeit.

Ginkgobaum mit Blatt und Blüten

HERMANN HESSE

Der merkwürdige Baum, dessen Blätter du mir geschickt hast, ist in Ostasien daheim, heisst Ginkgo Biloba, und in Goethes *West-östlichem Divan* ist ihm ein Gedicht gewidmet. Hübsch, dass er auch in Maulbronn zu finden ist. In Lugano gibt es auch einige.

Hermann Hesse in einem Brief an seine Cousine Grete Gundert am 16. November 1951

MARIANNE BEUCHERT
GINKGO

Ginkgo biloba · Ginkgoaceae

Symbol für: Unbesiegbarkeit. Hoffnung. Langes Leben. Fruchtbarkeit. Zuneigung. Freundschaft. Anpassung.
Volksnamen: (D) Mädchenhaarbaum, (GB) maidenhair tree, (F) Tausend-Taler-Baum, (Japan) Joho (Ginkyo ist ein alter literarischer Name), (China) Ya Chio = Entenfuß, Yin Hsing = Silberaprikose, Kung Sun Shu = Großvater-Enkel-Baum.

Erst seit etwa zweihundertfünfzig Jahren wachsen wieder Ginkgo-Bäume in Europa. Engelbert Kaempfer hat sie 1712 nach seinem zweijährigen Japan-Aufenthalt beschrieben, und vermutlich brachten holländische Händler um 1730 Samen mit nach Europa. Er war bald als Parkbaum geschätzt. Dendrologen und Naturwissenschaftler wie Goethe interessierten sich für ihn, da sie in seiner scheinbaren Fremdartigkeit mehr als nur ein Geheimnis erfühlten.
Doch in das allgemeine Interesse trat er erst, nachdem bekannt wurde, daß in Hiroshima ein Ginkgo, der etwa achthundert Meter vom Zentrum der Explosion der ersten Atombombe entfernt stand, im folgenden Frühling 1946 ein frisches, schüchternes Reis aus dem alten Wurzelstock

trieb. Der Baum schien zuvor, wie alles in dieser Zone, völlig vernichtet. Damit war ein neues Symbol geboren. Ein Symbol der Unbesiegbarkeit, der Hoffnung. In den fast fünfzig Jahren, die das Ereignis zurückliegt, ist wieder ein großer Baum aus diesem Ginkgo geworden, doch es ist ein Baum, dem man das schwere Leid ansieht, das ihm widerfahren ist. Wie die Menschen, die die Katastrophe überlebt haben, ist er gezeichnet. Aber er wächst.

Seitdem haben sich die Wissenschaftler, mehr noch als zuvor, des *Ginkgo biloba* angenommen. Ständig werden neue Erkenntnisse über ihn veröffentlicht. »Einen Weltenbaum, der die Geheimnisse einer unermeßlichen Vergangenheit bewahrt«, nannte ihn der Paläobotaniker Sir Albert C. Seward. Langsam versucht man, ihm die Geheimnisse seiner über dreihundert Millionen Jahre dauernden Geschichte zu entreißen. Vielleicht ist er der allererste Baum dieser Erde. Er ist noch kein Blattbaum (obwohl er scheinbar Blätter trägt), kein Nadelbaum (die erst zweihundertfünfzig Millionen Jahre nach ihm entstanden), sondern ein ganz eigener Versuch der Natur, aus der man die Klasse der Ginkgoales bildete. In jedem Falle eine der ersten Pflanzen, denen es gelang, Lignin in ihren Zellen zu bilden, welches das Aufleiten von Wasser und Nährstoffen in die Senkrechte gestattet, das verholzende Zellen anlegt, den Baum ermöglicht.

Die Familie der *Ginkgoaceae* umfaßten im Laufe ihres langen Lebens etwa dreihundert Arten, die zeitweise die gesamte nördliche Halbkugel bis Australien hin besiedelten. Überall, auch in Europa, findet man Versteinerungen von ihnen. Doch *Ginkgo biloba* ist die einzige Art der Familie, die überlebte. Die Zeit der größten Verbreitung liegt etwa einhundertfünfzig Millionen Jahre zurück, lange bevor die Dinosaurier lebten und bevor die ersten Menschen die Erde betraten. Widerstandsfähigkeit gegen Pilze, Insekten, Umwelteinflüsse, vor allem aber die enorme Anpassungsfähigkeit ermöglichten *Ginkgo biloba* das Überleben in den chinesischen Provinzen Zhejiang, Anhui und in Japan auf der Höhe des 50. nördlichen Breitengrades. Es scheint eine der rätselvollen Ironien der Weltgeschichte zu sein, daß die gesamte chinesische Philosophie das Überleben durch Anpassung lehrt.

Ginkgo ist zweihäusig – Herr Ginkgo und Frau Ginkgo leben und entwickeln ihre Samenzellen auf verschiedenen Bäumen. Im Gegensatz zu den archaischen Tieren, die meist zwittrige Wesen sind wie Würmer und Schnecken, neigen die frühen Pflanzen dazu, ihre Geschlechtszellen zu trennen. Der Ginkgo hat eine in der Pflanzenwelt einmalige Form der Vermehrung entwickelt. Was unseren Augen von dem herbstlichen Ginkgobaum wie Mirabellen entgegenleuchtet, hat, mit den Augen eines Naturwissenschaftlers betrachtet, mehr Ähnlichkeit mit Eiern als mit Früchten. Und zwar mit Eiern, die von einer Henne stammen, die noch kein Hahn besucht hat. Jean Marie Pelt schreibt: »Das Ei« (des Ginkgo) »bildet sich bereits vor der

Befruchtung, wird meist auf der Erde abgelegt, wo es vom Pollen« (des männlichen Ginkgo) »erreicht werden kann. Der Embryo, der daraufhin entsteht, gönnt sich keine Pause, wächst, schlägt Wurzeln und gedeiht zu einem neuen Baum. Von diesem Gesichtspunkt aus gesehen, ist der Ginkgo auf der Entwicklungsstufe der Fische stehengeblieben, bei denen die Befruchtung außerhalb des Mutterleibes im Wasser stattfindet.« In der Wissenschaft nennt man den *Ginkgo biloba* einen »oviparen Baum«.

Doch bis es soweit ist, daß der Baum geschlechtsreif wird, vergehen dreißig bis vierzig Jahre. Daher heißt der Baum in China auch Großvater-Enkel-Baum. Wer die »Früchte« ernten will, muß einen Ginkgo besitzen, den der Großvater gepflanzt hat. In Ostasien sind die den späteren Embryo umhüllenden Kerne als Delikatesse geröstet sehr geschätzt, zumal sie Gesundheit und langes Leben bringen sollen. Bei Hochzeiten und anderen großen Festlichkeiten werden sie rot eingefärbt und heißen dann Hsi Huo. Den Taoisten waren sie ein unverzichtbarer Anteil ihres Langlebenselixiers.

Auch in Europa hat man mittlerweile ihre hohen pharmakologischen Eigenschaften nachgewiesen und anerkannt. Die »Früchte« enthalten in ihrer fleischigen Hülle unter anderen wertvollen Inhaltsstoffen in reichem Maße Buttersäure, die in der Kosmetikindustrie sehr gesucht ist. Allerdings gibt gerade diese Buttersäure im Herbst, wenn die

»Früchte« zu Boden fallen und faulen, einen außerordentlich unangenehmen Geruch ab. Der Grund, weshalb fast nur noch männliche Ginkgos gepflanzt werden, was auf die Dauer der Art aber nicht bekömmlich sein kann.

Mehr noch als die »Früchte« werden die »Blätter« genutzt. Sie enthalten sehr seltene Moleküle, die die Natur offenbar später nicht mehr hergestellt hat. Da man sie bisher nur beim *Ginkgo biloba* gefunden hat, gab man ihnen die Namen »Ginkgolide« und »Bilobalid«. Sie haben gefäßaktive Eigenschaften, die pharmakologisch vor allem auf den Hirnstoffwechsel wirken und allgemein die Durchblutung anregen. Dies dürfte neben dem außerordentlich hohen Alter, das die Bäume erreichen, der Grund sein, daß seit sehr alter Zeit der Ginkgo in China ein Symbol des langen Lebens ist.

In diesem Land, das Bücher so verehrt, werden Ginkgo-Blätter oft als Buchzeichen genutzt, es sind beliebte symbolische Freundesgaben. Auf ein herbstlich gelbes Blatt wird mit feinem Pinsel ein Gedicht geschrieben – und das Blatt bewahrt die Buchseiten vor Insektenfraß und Schimmelpilzen. Offenbar sind die starken Immunkräfte des Ginkgo übertragbar.

In Japan ist er ein Symbol der Fruchtbarkeit. Sehr alte Bäume, an denen Japan reicher ist als China, beginnen oft, aus noch ungeklärter Ursache, an der Unterseite der starken, waagrecht ausgebreiteten Äste aus Adventivknospen große Ausstülpungen zu entwickeln, die Frauenbrüsten ähnlich sehen. Sie werden Chichi oder Tschintschin genannt. Später erinnern sie mehr an Stalaktiten der Tropfsteinhöhlen. Doch diese Bäume sind Wallfahrtsorte junger Frauen, an denen sie reichen Kindersegen erbitten. Der einzige Baum mit Chichi in Deutschland ist im Augenblick wohl der vor der Orangerie im Botanischen Garten Karlsruhe. Der wesentlich größere Chichi tragende Ginkgo im Park von Schloß Dyck fiel 1985 einem Sturm zum Opfer.

Im beginnenden 19. Jahrhundert, als viele große Parks angelegt wurden, war ein allgemeines Interesse an seltenen Bäumen, vor allem am Ginkgo, verbreitet. Auch Goethes Herzog Carl-August wußte genau über die Standorte und den Zustand der in Europa angepflanzten Ginkgo-Bäume Bescheid. Offenbar war es das Blatt, das sich im Herbst tief goldgelb färbt, das alle begeisterte. Die ungewöhnliche Form, bei der ein langer Stiel sich teilt und mit zwei kräftigen Adern die parallel laufenden Nerven umschließt, erregte die Aufmerksamkeit. Dazu die Fächerform, bei jungen Bäumen tief eingeschnitten, an alten Pflanzen halbkreisförmig gerundet, gab zu mancherlei Vergleichen Anlaß. Im September 1815 ging Goethe mit Georg Friedrich Creuzer im Heidelberger Schloßgarten spazieren, und sie sprachen über Creuzers Spezialgebiet, die griechischen Mythen und deren Doppelsinn. Zur Erklärung dieser Theorie nahm Goethe ein Ginkgo-Blatt vom Boden auf und meinte: »... also ungefähr wie dieses

Blatt, eins und doppelt.« Es war dies in der Zeit, in der Goethe am »West-östlichen Divan« arbeitete und in Frankfurt eine tiefe innere Bindung zu Marianne von Willemer erfuhr. Vermutlich formte er aus diesem gedanklichen Vergleich noch am selben Tage eines der schönsten Liebesgedichte deutscher Sprache, mit dem er zugleich die Mitte des asiatischen Denkens traf.

DIE GINKGO-NUSS

Die Früchte des Ginkgo können erst nach 30 bis 40 Jahren an weiblichen Ginkgobäumen heranwachsen. Sie sehen aus wie Aprikosen und hängen im Herbst traubenartig an den Ästen.

Am Baum stinkt noch nichts. Erst wenn diese Früchte zu Boden fallen und man sie liegen läßt, setzt durch das Verfaulen der Außenhaut, die zu über 80 % aus Fett besteht, ein ranziger, penetranter Geruch ein, an den sich viele so entrüstet erinnern. Aber wenn man die Früchte nach dem Herabfallen gleich entfernt und den unter dem Fruchtfleisch versteckten eigentlichen Kern, die Nuß, herausnimmt, hat man einen gesunden und gut verträglichen Natursnack gefunden.

Ginkgonüsse ähneln geschält und unbehandelt im Geschmack unserer Kartoffel. Um die vielen Vorzüge und Inhaltsstoffe der Nüsse unseren Speisen beizugeben, sollte man vor der Zubereitung die Ginkgonüsse entsprechend vorbehandeln.

Rohe, frische Ginkgonüsse ähneln im Aussehen den Pistazien. Vor dem Verzehr muß zunächst die Schale gelöst und anschließend das dünne braune Papierhäutchen entfernt werden.

Es empfiehlt sich, die Nüsse vor der Verwendung kurz abzukochen.

Eine weitere Möglichkeit ist die Zubereitung in der Pfanne:

Geröstete Ginkgonüsse

Zutaten

250 g Ginkgonüsse
500 g Meersalz

Zubereitung

- Pfanne erhitzen
- das Meersalz in die Pfanne geben und am Boden verteilen
- Ginkgonüsse in Pfanne geben
- bei hoher Temperatur die Nüsse zum Aufplatzen bringen
- kurz vor dem Fertigstellen die Pfanne schwenken, damit das Salz sich verteilt
- Nußschale und das braune, den Kern umgebende Häutchen entfernen

ANGELIKA ORTRUD FISCHER
SCHON GILBT IM GARTEN DER GINKGO

Schon gilbt im Garten
der Ginkgo – abgeblühte
Stauden duckt der Wind

TOYOTAMA TSUNO
DAS BLATT DES GINKGOBAUMES

Das Blatt des Ginkgobaumes
aus zwein ist beinah eins geworden
Ach, beinah eins zu werden,
bedünkt mich schlimmer
als getrennt zu bleiben.

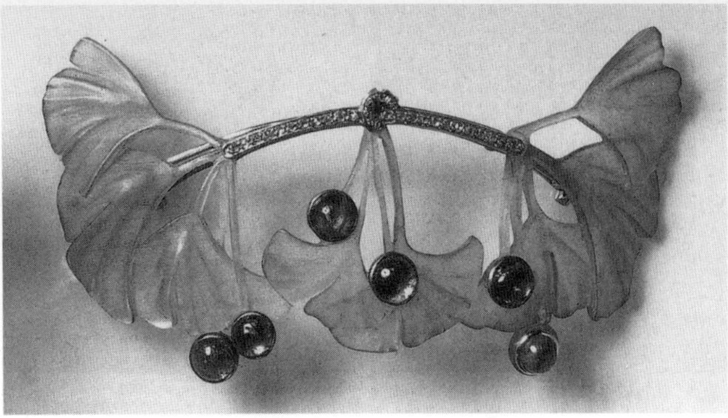

Haarschmuck. Henri Vever, um 1900

HANS ARNFRID ASTEL
DREI HAIKUS

STINKbomben
vom Ginkgo biloba
unterm Baum.

GINKGOkirschen
am Schopf ergreifen
eh sie als Stinkbomben
zu Boden fallen.

STINKENDE Ginkgo-
kirschen auf dem Bürgersteig
vor dem Theater.

JAPANISCHE HAIKUS

Vom Kloster herab
schreitet ein Tempelknabe gemächlich
über Ginkgoblätter.

YOSA BUSON, 1716-1783

Wie kleine goldene Vögelchen
fallen die Ginkgoblätter
in der abendlichen Sonne.

AKIKO YOSANO, 1878-1942

An einem Herbsttag
sehe ich Ginkgo und Ahorn
in der Ferne.

MANTARO KUBOTA, 1889-1963

Als ich an meinen
Tempelbruder denke,
fallen gelbe Ginkgoblätter.

HEKIGOTO KAWAHIGASHI,
1873-1937

Auf den Fächer
der alten Opfergabe
fällt ein Ginkgoblatt.

ENOMOTO KIKAKU, 1661-1707

Wenn der Wind
in der Ferne heult,
fallen Ginkgofrüchte.

FUSEI TOMIYASU, 1885-1979

Nach dem Fallen
der Ginkgofrüchte
höre ich den Wind.

TEIJO NAKAMURA, 1900-1988

Fallen die Ginkgofrüchte,
so bereiten sich die Götter
für ihre Reise.

TORIN, 1639-1719

BRIGITTE STRUZYK
GINKGO DAS LEBEN

Ich geh auf die Straße
und rate den Hunden
verpißt euch!
Ich geh auf die Straße
und rate den Ratten:
dawai!
Der Hammer schlägt die Flucht entzwei
Die Sichel mäht die Zeit zu Heu

Immer so ein steifes Tier
ritt was das Zeug hält
zum Angriff zum Übergriff
ritt was die Schenkel
die Venusberge
ritt in das Blutbad
den weißen Schnee

Ginkgo das Leben
es hängt doch
im Grunde
an einem

weil es so rar ist
so selten kommt
kommen die Götter
und jeder Messias
der kommt
ist der Falsche

GÜNTER EICH

GINGKO

Gingko biloba, ein altes Blattsymbol, der Liebsten in ein Buch gelegt, – Symbole werden in manche Bücher freundlich aufgenommen, andere sperren sich. In Heidelberg und Montpellier, immer erklärbar mit den Zauberzahlen eins und zwei, das ist schade und so endgültig west-östlich. Die öffentlichen Geheimnisse sind lauwarm, was für Karlsbader Salz günstig wäre. Wir ziehen das Blatt zurück in die Geheimsprache aller Liebespaare, in den eigenen Wortschatz und die eigene Grammatik. Autographen und Pilze zum Beispiel bedeuten nichts, viel schlimmer: Sie sind alles, und darauf sind wir aus.

Wir, sage ich, und meine damit das augenblicklich gelbe Herbstlaub. Das ist ganz klar und darüber ist nicht zu streiten, weil ja Oktober ist. Kein Sterben, kein Natursymbol, viel schlimmer: Ein Augenblick. So selbstverständlich wie Getreideharfen und Mohnröcke und Gingkofrüchte, als Dessert oder Magenmittel genossen, dem Karlsbader Salz ähnlich, was das Dessert betrifft. Und alles wörtlich. Nous voilà, das Koniferische zieht uns hinan, die eins nimmt wieder zu, die zwei scheint eine Fehlentwicklung zu sein. Andere Möglichkeiten sind denkbar, auf Primzahlen aufgebaut. Die gerade Zahl überläßt man den Weisen, wir gehören nicht dazu, wollen auch nicht. Mit uns ist nichts anzufangen, allenfalls was zu beenden. Wir sind zur Zeit rötlich oder gelb, was sich noch dazu ändern kann.

NACHWORT

Über die Zeiten und Kulturen hinweg hat der Ginkgo die Menschen in seinen Bann gezogen: Er ist ein Mittler zwischen Vergangenheit und Gegenwart, Orient und Okzident, Geist und Natur. Zahlreiche Künstler vor allem des Jugendstils und nicht zuletzt Joseph Beuys ließen sich von diesem Baum inspirieren – ebenso wie Literaten und Dichter. Johann Wolfgang Goethe schrieb das berühmte Gedicht über jenes »lebendig Wesen«, das, »in sich selbst getrennt«, »Eins und doppelt ist«. Und auch manch anderer – im Fernen Osten wie im Abendland – wurde von der Ginkgo-Philie erfaßt. Dieses Buch legt Zeugnis ab von der Verehrung, die diesem Baum seit jeher entgegengebracht wird.
Fürwahr: er hat die Zeit besiegt – ganz wie es sich gehört für ein »lebendes Fossil«, wie ihn Charles Darwin einst nannte. Der »Weltenbaum« kann, wie wir gelesen haben, auf eine reiche Vergangenheit zurückblicken. Seinen ersten Auftritt hatte er vor rund 300 Millionen Jahren. Zu Zeiten der Dinosaurier war er bereits in 30 verschiedenen Spezies vorhanden. Davon sind über die Jahrmillionen alle bis auf eine ausgestorben – den Ginkgo biloba, den Letzten seiner Sippe. Die ersten Wurzeln schlug der Ginkgo in China. Im Reich der Mitte gibt es einige Exemplare, die an die viertausend Jahre alt sind.
Flora magica – magisches Gewächs: Für kaum eine andere

Pflanze trifft diese Bezeichnung mehr zu als für den Ginkgo. Die breitgefächerte Symbolik, die ihn umgibt, spiegelt sich in den vielen Namen wider, die man ihm im Laufe der Epochen gab. So etwa Silberaprikose, Beseeltes Ei oder Tausend-Taler-Baum, um nur einige der klangvollen Beispiele zu nennen. Die vielfältigen Benennungen, die dieser Baum auf sich gezogen hat, gründen jedoch nicht nur in der lebhaften Phantasie früherer Generationen, sondern auch in seinen einzigartigen Eigenschaften. Er ist ein »durchaus eigener Baum«, der auch in der Systematik der Pflanzen eine Sonderstellung einnimmt. Weder Laub- noch Nadelgehölz, hat er neben der längsten Biographie auch eine eigene Familie mit einer aufregenden Intimsphäre: Die Ginkgos verfügen über eine im floralen Reich einmalige Art der Vermehrung. Der Ginkgo hat nämlich frei bewegliche Spermazellen! Bei anderen Pflanzen bildet der männliche Pollen einen Pollenschlauch, der mit der weiblichen Eizelle verschmilzt. Die Ginkgopollen jedoch gelangen in eine flüssigkeitsgefüllte Kammer, bilden dort Spermazellen, und diese schwimmen aktiv zur Eizelle.

Wie seine lange Geschichte bereits vermuten läßt, ist das botanische Unikum enorm anpassungsfähig und resistent. Einerlei ob Bakterien, Viren und Pilze, Autoabgase oder andere Giftstoffe – nichts kann dem Ginkgo ernsthaft schaden. Auch gegen Schädlinge ist der Weltenbaum immun. Im alten China nutzte man diese Eigenschaft auf besondere Art: Getrocknete Ginkgo-Blätter wurden zwischen die Seiten gelegt und bewahrten so Bücher vor Schimmelpilz, Bücherwurm und anderen unerwünschten Besuchern. Und da Ginkgo-Holz sehr feuerfest ist, dient es in Japan und China bis heute als Baumaterial. Der Fächerblattbaum hielt auch einem Angriff stand, der Millionen Menschenleben gekostet und eine gesamte Stadt ausradiert hat: Ein Ginkgo überlebte als einziges in unmittelbarer Nähe befindliches Lebewesen die Explosion der Atombombe 1945 in Hiroshima. Der Baum stand nur wenige hundert Meter vom Explosionszentrum entfernt und war stärkster radioaktiver Strahlung ausgesetzt. Und doch trieben bereits im Frühjahr des darauffolgenden Jahres wieder die ersten Blätter aus den verkohlten Ästen. Heute ist der stattliche Veteran im Hiroshima Memorial Park ein Mahnmal für das friedliche Zusammenleben der Völker.

Hiroshima machte den Ginkgo zum Sinnbild für Langlebigkeit und Unbesiegbarkeit. Das Wunder seines Überlebens verstärkte noch das Interesse der Wissenschaft an seiner Vergangenheit. Es galt zu entschlüsseln, was diesen Baum schon so viele Jahrtausende überdauern läßt und wohl auch weiter überdauern lassen wird – auch über beispielsweise das Bestehen der Stadt New York hinaus, wie es Peter Härtling in seinem Gedicht »An den Ginkgo vor der Tür« vermutet.

Die Kraft, die den Ginkgo klirrender Kälte, sengender Hitze, nuklearer Gewalt und so vielem anderen trotzen läßt, ist zweifelsohne mit das größte Rätsel, das uns dieser Baum aufgibt. Ein Potential im übrigen, das er nicht für sich allein beansprucht, sondern auch an den Menschen weitergeben kann. Der Ginkgo ist Mythos und Medizin zugleich.

Die Kräfte, die dieser Baum in sich birgt, wurden sehr früh auch medizinisch genutzt. Schon 2800 vor Christus empfahlen altchinesische Heilschriften den Gebrauch von Zubereitungen aus Ginkgo. So galten die Samen, stets Delikatesse und Arznei zugleich, als probates Mittel zur Steigerung der körperlichen und geistigen Vitalität. Darüber hinaus schrieb die chinesische und japanische Medizin den »Ginkgo-Nüssen« lindernde Wirkung bei Erkrankungen von Herz und Lunge, Blasen- und Nierenbeschwerden zu. Die Blätter des Ginkgo wiederum finden seit Jahrhunderten Anwendung gegen Asthma, Bronchitis, Kreislaufstörungen und Hautkrankheiten. Selbst ein Wundpflaster fertigte man einst aus gepreßten Ginkgo-Blättern.
Die moderne Medizin schätzt neben der durchblutungsfördernden Wirkung von Ginkgo-Extrakt vor allen Dingen dessen positive Auswirkungen auf das Gedächtnis und die Konzentrationsfähigkeit.
Arzneibuchkonforme Ginkgo-Extrakte sind u.a. zur Behandlung von leichten bis mittelschweren Hirnleistungsstörungen zugelassen. Typische Symptome einer nachlassenden Hirnleistung sind Gedächtnisschwäche, Konzentrationsstörungen, Kopfschmerzen, Schwindel und Ohrensausen. Weitere Anwendungsgebiete zugelassener Ginkgo-Extrakte

sind Schwindel und Tinnitus (Ohrgeräusche) infolge peripherer Durchblutungsstörungen oder altersbedingter Veränderungen.

Heute ist der Ginkgo die am meisten verwendete Arzneipflanze überhaupt. Jährlich wandern Tausende Tonnen seiner Blätter in die Produktion von Fertigpräparaten. Den therapeutischen Effekt dieser in speziellen Verfahren gewonnenen Extrakte belegen zahlreiche Studien und die ärztliche Praxis: Goethes »Baum des Ostens« hat sich als modernes pflanzliches Arzneimittel mit umfassendem Wirkspektrum bewährt. Worauf diese enorme Bandbreite basiert, war und ist Gegenstand reger Forschungen. Seit den sechziger Jahren des letzten Jahrhunderts sind weltweit Wissenschaftler verschiedener Disziplinen mit der Aufklärung der Ginkgo-Wirkungen befaßt.

Inzwischen ist weitgehend bekannt, worauf die großen Kräfte des Veteranen beruhen: Ginkgo-Extrakt enthält mehrere verschiedene Substanzen, die mit ihren jeweiligen Eigenschaften zu einem Kanon von Wirkungen beitragen. Tonangebend sind die Ginkgolide sowie das Bilobalid. Sie werden so genannt, weil diese Stoffe bisher nur im Ginkgo und in keiner anderen Pflanze gefunden wurden. Daneben stimmen Ginkgoflavonglykoside in die Harmonie der Ginkgo-Effekte ein. Jeder dieser Inhaltsstoffe stimmt mit seiner Besonderheit in das Spektrum an Wirkungen. So greift der Extrakt – vielseitig talentiert – auf mehreren Ebenen in den Organismus ein.

Erst in den letzten Jahren wurden die direkten Wirkungen von Ginkgo-Extrakt auf die Nervenzellen des Gehirns in weiteren Facetten erforscht. Heute rangieren diese Wirkungen als wichtigste unter den vielen Fähigkeiten des Weltenbaums und sind vielleicht mit der Grund, weshalb er schon früh zum Sinnbild für ein langes Leben wurde – wenn auch damals nicht bekannt war, wie der Fächerblattbaum in den grauen Zellen wirksam wird.
Die Ginkgo-Stoffe sorgen zum einen dafür, daß die Informationsübertragung zwischen den Nervenzellen reibungslos abläuft, und sie erhöhen sogar noch deren Effizienz: Ginkgo bewirkt eine vermehrte Bildung und Ausschüttung des Nervenbotenstoffes Acetylcholin. Ebenso erhöht er die Zahl der Rezeptoren, der »Andockstellen« für diesen Neurotransmitter, die mit zunehmendem Alter leider zurückgeht. Damit tritt der Extrakt Defiziten wie nachlassendem Gedächtnis und eingeschränkter Lern- und Konzentrationsfähigkeit gezielt entgegen.
Weiterhin blockieren die Wirkstoffe des Ginkgo Prozesse, die zum Abbau und zum Untergang von Nervenzellen führen. Dies geht mit auf die Flavonoide und deren antioxidative Effekte zurück: Sie fangen freie Radikale ab und schützen so unsere Nervenzellen vor deren schädlicher Wirkung. Neuroprotektion nennt die Wissenschaft diese gute Tat, zu der Ginkgo-Extrakt auf mehreren Wegen beiträgt.

Doch gab der »Stoff für das Gedächtnis« der Wissenschaft nach wie vor ein Rätsel auf: Wie er nämlich die Nervenzellen vor einer Schädigung bewahren und damit dem Nachlassen der Hirnleistung vorbeugen kann.

Nun sind die Abläufe im Gehirn ungeheuer komplex und beruhen auf Prozessen, die auch der Hirnforschung teilweise noch verborgen sind. Entsprechend schwer fällt es, die pharmakologischen Hebel zu finden, die der Ginkgo-Extrakt im zentralen Nervensystem ansetzt. Eine Klärung gelang Forschern an der Goethe-Universität Frankfurt: Ginkgo-Extrakt hilft den Nervenzellen, ihre Energieversorgung aufrechtzuerhalten. Und zwar, indem er direkt auf die Mitochondrien einwirkt, stäbchenförmige, bisweilen auch runde Organellen, die der Zelle als »Kraftwerke« dienen. Hundertschaften stark, sorgen sie dafür, daß stets genügend Energie für sämtliche Zellfunktionen verfügbar ist. Dazu produzieren sie aus der mit der Nahrung gelieferten Glukose Verbindungen namens Adenosintriphosphat, kurz ATP, energiegeladene Moleküle, die, ihrem unentwegten Verbrauch Rechnung tragend, fleißig nachgeliefert werden. Immer vorausgesetzt, die Mitochondrien sind vollständig intakt. Denn stehen die Zellkraftwerke zu sehr unter oxidativem Stress, reagieren sie wie auch die Zellen überaus sensibel. Haben die Kraftwerke der Nervenzellen durch verstärkte Angriffe freier Radikale zu sehr Schaden genommen, können sie ihre Aufgaben nicht mehr in vollem Umfang erfüllen. Sie produzieren weniger ATP-

Moleküle, was die Zelle aus ihrem natürlichen Gleichgewicht bringt.
Der Ginkgo-Extrakt kann Störungen der Mitochondrien verhindern und bereits geschädigte wieder regenerieren. Im Laborversuch der Frankfurter Wissenschaftler zeigte sich, daß der Extrakt die Mitochondrien regelrecht zu »reparieren« vermag – je höher seine Dosierung, desto effizienter. Ginkgo-Extrakt schützt also die Batterien der Nervenzellen nicht nur vor oxidativem Streß, sondern kann auch bereits angegriffenen Mitochondrien wieder zur gewohnten Leistungskraft verhelfen. Dadurch können die Nervenzellen ihren komplexen Anforderungen im Gehirn besser nachkommen. Diese direkte Wirkung auf die Nervenzellen ist bisher für kein anderes Arzneimittel nachgewiesen worden.
Diese vorsichtig positive Bewertung von Ginkgo zum Einsatz in der modernen Medizin gilt allerdings nicht für eine Fülle von Produkten, die auf dem Markt mit dem Namen Ginkgo Aussagen erwecken, die nicht haltbar sind. Weder die ginkgohaltigen Säfte noch der Ginkgo enthaltende Joghurt oder Fruchtsaft, weder die Tabletten, die aus gepulverten Ginkgo-Blättern bestehen, noch Ginkgo-Tees sind in der Lage, die objektivierbaren gesundheitsfördernden Effekte zu gewährleisten. Dies gilt ausschließlich für einige wenige arzneibuchkonforme (Abreicherung toxischer Inhaltsstoffe, Anreicherung therapeutisch wirksamer Inhaltsstoffe) Extraktpräparate, die eine ausreichende Tages-

dosierung (120 bzw. 240 mg) gewährleisten und die über einen längeren Zeitraum eingenommen werden. Diese qualitativ hochwertigen Präparate sind per Gesetz apothekenpflichtig und können daher nur in der Apotheke erstanden werden. Einige sehr wenige Präparate sind in ihrer Wirksamkeit am Patienten so gut untersucht, daß Sie auch zur Therapie von Demenzen zugelassen sind und dafür auch von der Kasse erstattet werden.

»Geheimen Sinn zu kosten«, gibt uns der Ginkgo, so ist bei Goethe zu lesen. Wozu dieser »Sinn« befähigt und woraus er sich speist, darüber erlangen wir immer mehr Klarheit. Doch weiterhin wartet der Weltenbaum mit vielen Geheimnissen auf. Wir dürfen gespannt sein, was uns der Veteran aus seiner langen Vergangenheit noch zu berichten haben wird.

Walter E. Müller

Textnachweise

Hans Arnfrid Astel, Drei Haikus, S. 78. Aus: Hans Arnfrid Astel, Sand am Meer. Sinn- und Stilübungen. http://www.zikaden.de (Zugriff: 12.12.2012).

Marianne Beuchert, Ginkgo, S. 66. Aus: Marianne Beuchert, Symbolik der Pflanzen. Von Akelei bis Zypresse. Mit Aquarellen von Maria-Therese Tietmeyer. © Insel Verlag Frankfurt am Main und Leipzig 1995.

Otto Crusius, Die beiden Ginkgoblätter, S. 58 Aus: Ginkgo. Ur-Baum und Arzneipflanze – Mythos, Dichtung und Kunst. Herausgegeben von Maria Schmid und Helga Schmoll gen. Eisenwerth. © 2. Aufl. 2001, S. Hirzel Verlag, Stuttgart.

Günter Eich, Gingko, S. 84 Aus: Günter Eich, Gesammelte Werke in vier Bänden. Revidierte Ausgabe. Band I: Die Gedichte. Die Maulwürfe. Herausgegeben von Axel Vieregg. © Suhrkamp Verlag Frankfurt am Main 1973/1999.

Angelika Ortrud Fischer, Schon gilbt im Garten der Ginkgo, S. 75. Aus: Angelika Ortrud Fischer, Schon gilbt im Garten der Ginkgo. Haiku, Senryu, Tanka. © 1992 Rheinlandia Verlag Klaus Walterscheid, Siegburg.

Hans Franck, Ginkgo-Märchen, S. 62. Aus: Hans Franck, Marianne. Goethe-Roman. Franz Schneekluth Verlag, Darmstadt 1953.

Die Ginkgofee, S. 11. Aus: Die Ginkgofee. Acht chinesische Volksmärchen aus der Provinz Schandung. Übertragen und herausgegeben von Rainer Schwarz. © 1978 Insel-Verlag Anton Kippenberg, Leipzig.

Die Ginkgo-Nuß, S. 73. Aus: Heinrich Georg Becker, Ginkgo – Naturkraft und Küche. © Verlag SCHNELL Peter Salmann, Warendorf 2011.

Johann Wolfgang Goethe, Ginkgo biloba, S. 35. Aus: Johann Wolfgang Goethe, West-östlicher Divan. Herausgegeben von Hendrik Birus. In: Johann Wolfgang Goethe, Sämtliche Werke. Deutscher Klassiker Verlag Frankfurt am Main 1994.

Peter Härtling, An den Ginkgo vor der Tür, S. 54. Aus: Peter Härtling, Werke. Band 8. Gedichte. Herausgegeben von Klaus Sieblewski. © 1999, Verlag Kiepenheuer & Witsch GmbH & Co. KG, Köln.

Japanische Haikus, S. 79. Aus: Ginkgo. Ur-Baum und Arzneipflanze – Mythos, Dichtung und Kunst. Herausgegeben von Maria Schmid und Helga Schmoll gen. Eisenwerth. © 2. Aufl. 2001, S. Hirzel Verlag, Stuttgart.

Hermann Hesse, Aus einem Brief an seine Cousine, S. 65. Aus: Siegfried Unseld, Goethe und der Ginkgo. Ein Baum und ein Gedicht. © Insel Verlag Frankfurt am Main und Leipzig 1998.

Miyazawa Kenji, Die Früchte des Ginkgobaumes (Ichô no mi), S. 29. Aus: Miyazawa Kenji, Die Früchte des Ginkgo. Märchenhafte Erzählungen aus Nord-Japan. Herausgegeben und übersetzt von Johanna Fischer. Verlag Günther Neske. © J.G. Cotta'sche Buchhandlung Nachfolger GmbH, gegr. 1659. Stuttgart 1980.

Joachim Lehmann, Das Ginkgo-Blatt, S. 60. Aus: Ginkgo. Ur-Baum und Arzneipflanze – Mythos, Dichtung und Kunst. Herausgegeben von Maria Schmid und Helga Schmoll gen. Eisenwerth. 2. Aufl. S. Hirzel Verlag, Stuttgart 2001. Abdruck mit freundlicher Genehmigung von Babet Lehmann.

Felix Pollak, Ginkgo, S. 56. Aus: Felix Pollak, Vom Nutzen des Zweifels. Gedichte. Herausgegeben und mit einem Nachwort versehen von Reinhold Grimm. Aus dem Amerikanischen von Hans Magnus Enzensberger, Reinhold Grimm, Klaus Reichert und dem Verfasser. © Fischer Taschenbuch Verlag GmbH, Frankfurt am Main 1989.

Friedrich Schnack, Der Ginkgobaum (Auszug), S. 51. Aus: Goethe-Kalender 33 [1940], herausgegeben vom Frankfurter Goethe-Museum, Dieterich'sche Verlagsbuchhandlung, Leipzig 1939, S. 103-113.

Brigitte Struzyk, Ginkgo das Leben, S. 82. Aus: ndl, Zeitschrift für deutschsprachige Literatur Hamburg, Schwarzkopff, Berlin 2000. © Brigitte Struzyk. Abdruck mit freundlicher Genehmigung der Autorin.

Toyotama Tsuno, Das Blatt des Ginkgobaumes, S. 76. Aus: Toyotama Tsuno, Gelöstes Haar. In: Japanische Lyrik. Übertragen von Manfred Hausmann. © 1974, 1980, 1990, 2012 by Arche Literatur Verlag AG, Hamburg – Zürich.

Die Schreibweise des Begriffs »Ginkgo« folgt den jeweiligen Textvorlagen.

Bildnachweis

Bridgeman Art Library, London (Bibliothèque des Arts Décoratifs, Paris/Archives Charmet): S. 64. Germanisches Nationalmuseum, Nürnberg: S. 77. Getty Images, München: S. 86. Goethe-Museum, Düsseldorf: S. 36. Für die Wiedergabe des Werks von Joseph Beuys: © VG Bild-Kunst, Bonn 2013. Alle übrigen Abbildungen stammen aus dem Archiv des Insel Verlags.

NF 110/1/11.11

NF 146/1/8.12

Mit Rilke durch alle Jahreszeiten

Rainer Maria Rilke war ein genauer Beobachter der ihn umgebenden Natur, und so entstand eine Fülle von Gedichten vom Werden des Frühlings und dem Reichtum des Sommers, vom Vollenden des Herbstes und der Stille des Winters. Auch in vielen Prosatexten geht er dem Gleichnishaften von Jahres- und Lebenszeit nach, jahreszeitliche Stimmungen finden Eingang in seine Briefe. Thilo von Pape hat sich in Rilkes Werk umgesehen und reiche Ernte eingefahren, die, nach Jahreszeiten geordnet, nun in vier Büchern präsentiert wird.

Rainer Maria Rilke, Frühling. Ausgewählt von Thilo von Pape. insel taschenbuch 4118. 118 Seiten
Rainer Maria Rilke, Sommer. Ausgewählt von Thilo von Pape. insel taschenbuch 4139. 114 Seiten
Rainer Maria Rilke, Herbst. Ausgewählt von Thilo von Pape. insel taschenbuch 4173. 128 Seiten
Rainer Maria Rilke, Winter. Ausgewählt von Thilo von Pape. insel taschenbuch 4192. 123 Seiten

NF 147/1/8.12

Das Tagebuch einer leidenschaftlichen Gärtnerin

Ein preußischer Ehemann, nur der Grimmige genannt, eine beste Freundin, deren wochenlanger Aufenthalt die Freundesbande strapaziert, und eine naseweise Besucherin aus dem zivilisierten England. Sie alle bevölkern Elizabeths Garten, ihren liebsten Ort, ihre Oase der Ruhe …

Meisterhaft erzählt Elizabeth von Arnim davon, wie sie den verwilderten Garten ihres preußischen Landguts in ein Paradies verwandelt und wie sie – trotz unerwünschter Eindringlinge und störender Nebendarsteller – dem wundersamen Zauber, den der Geruch feuchter Erde und die blühende Stille um sie herum verbreiten, immer wieder erliegt …

Elizabeth von Arnim, Elizabeth und ihr Garten. Roman. Aus dem Englischen von Adelheid Dormagen. insel taschenbuch 4132. 135 Seiten

NF 134/1/2.12

Süchtig nach Grün

Gärtnern, die große Leidenschaft, treibt unterschiedliche Passionsblüten: von Menschen, die mit Lust im Sand und in der Erde wühlen, und anderen, die lieber fremde Gärten bewundern. So schwärmt Maurice Maeterlinck für Orchideen, Gertrude Jekyll erfreut sich an prachtvollen Farbeffekten im Staudenbeet, Eva Demski hofft, daß die Samen aus den Lügentütchen in ihren Blumentöpfen aufgehen, René Schickele betet seine Pfingstrosen an, und Lady Wardington geht eifrig auf Maulwurfjagd.

Leidenschaftliche Gärtner. Ausgewählt von Elsemarie Maletzke. insel taschenbuch 4114. Etwa 180 Seiten

NF 108/1/11.11

»Deutschlands beste Gärtnerin.«
Die Welt

Gabriella Pape macht den Garten für die Menschen erlebbar, entdeckt ihn als Inspiration und Quelle von tiefer Zufriedenheit. Eine Anleitung zum Glücklichwerden, eine humorvolle und tiefgründige Verführung in den Garten: Es braucht nur etwas Mut, Geduld und Vertrauen in die Kräfte der Natur und in das eigene Handeln – und es wird in unseren Gärten etwas Wunderbares entstehen.

Gabriella Pape, Meine Philosophie lebendiger Gärten.
insel taschenbuch 4115. 247 Seiten

NF 126/1/2.12

Endlich Frühling!

Die Tage werden wieder länger, die Sonne blinzelt um die Hausecke, die ersten Tische vor den Cafés sind besetzt und die Winterjacken bleiben im Schrank. Endlich Frühling! Die winterliche Häuslichkeit weicht dem Drang, jede freie Minute draußen zu verbringen. Die Blätter der Bäume treiben aus, die Tulpen und Krokusse färben Beete, Parks und Blumenvasen und wecken als untrügliche Vorboten die Freude auf das nahende Osterfest.
Von Frühlingserwachen und Frühlingsgefühlen erzählen die Geschichten in diesem Band …

Endlich Frühling. Ausgewählt von Patrick Hutsch. insel taschenbuch 4104. Etwa 180 Seiten

NF 111/1/11.11